Hans Christian Andersen

Bericht einer Reise in die Sächsische Schweiz

Mit malerischen Ansichten
von C. A. und Ludwig Richter
und anderen zeitgenössischen
Abbildungen
Herausgegeben von
Ulrich Sonnenberg

Insel Verlag

Insel-Bücherei Nr. 1220
Erstausgabe

Bericht einer Reise in die Sächsische Schweiz

Leipzig um 1855

Es ergriff mich ein eigentümliches Gefühl, als ich über die große, unabsehbare Leipziger Ebene fuhr, wo jedes Dorf in der Kriegsgeschichte von Bedeutung ist. Hier war Napoleon gewesen, hier hatte der große Feldherr gedacht und empfunden. Das Getreide wallte üppig über dem ungeheuren Kampfplatz; keine Wunde wird doch so schnell geheilt, wie die der großen Natur! Es bedarf nur eines Lenzes, um die älteste Ruine mit Blumen und Grün zu schmücken. Man arbeitete an einer neuen Straße, ich sah Menschenknochen und Kugeln, die man beim Graben gefunden hatte. Unter einem Baume saß ein alter Mann mit einem hölzernen Bein; er hatte hier gewiß schon mehr gesehen als das Getreide, das jetzt vor seinen Blicken wallte, und einen ernstern Gesang gehört, als den, welchen die Vögel in den Zweigen über ihm zwitscherten. Mit seiner kleinen Pfeife im Munde ruhte er hier aus und dachte an alte Zeiten.

Der Invalide

Über dem Felde Rauch an Rauch,
Das Aug' sah rotes Feuer auch.
Schwer bebt' die Erde unterm Pferdehuf,
Im Wald tönt so des wilden Sturmes Ruf.
Mann neben Mann – wir stürmten vor in uns're Not,
Mein Bruder fiel – er starb den Heldentod.
Ich spürte nichts, mein Herz blieb unberührt,
Allein den Trommelwirbel habe ich gehört.
Trompetenschall – es ging feldein,
Da traf's mein Pferd, fortan hatt' ich nur noch ein Bein.
Das ganze Heer ging über mich,
Mehr weiß ich nicht, mein Blick, er trübte sich.

Es war so still, so still, als ich erwacht',
Ach, eine Stille wie in finst'rer Nacht.
Mein Bein war Feuer – meine Lippe brannte,
ringsum nur Tote, keiner, den ich kannte.
Es war schon spät, als kühler Nachtwind sich erhob,
und nah bei mir ein Pferd durch seine Nüstern schnob;
Ein Franzos' lag dort in seinem Blut,
»Napoleon« rief er und war tot.
Ich wollte beten – hob zum Himmel hoch den Blick,
Da packt' der Tod mich wieder beim Genick;
Ich weiß nicht mehr, was dann geschah –
Das erste, was mein Auge sah,
Es war ein Mann, verhüllt in einen Mantelkragen,
Der jagt' zwei Raben fort, die mir zu nahe kamen.
Ich sah sie, hört' ihr heis'res Schreien,
Ich schien längst tot, lag in den Totenreihen.
Still stand er da, sein Antlitz sah ich nicht,
Zu eng der Kragen am Gesicht.
Zum Himmel schaut er auf, so wolkenfern –
Hell sieht er leuchten einen Stern.
»*Mon étoile!*« So war sein Ruf,
Dann kniet' er, Gott zu danken sein Behuf.
Der Mantel offen durch ein gütiges Geschick,
So konnt' ich seh'n den stolzen Heldenblick.
Er hört' mein Seufzen und sieht still mich an,
Kaum ich die Schmerzen mehr ertragen kann.
Niemals werd' ich seinen Abschiedsblick vergessen,
mit dem er mir den Mantel reicht', den er besessen.
Da lag ich zwischen toten Körpern, Leichen,
Und hofft' nur, rasche Rettung zu erreichen.
– Ins Lager der Franzosen bracht' man meine Glieder,

Den stillen Mann jedoch sah ich nicht wieder.
Wer war es bloß, der Hilfe mir und Leben gab?
Vielleicht wächst längst schon Gras auf seinem Grab.
Vielleicht lebt er in einem Lande fern von hier,
Dann soll er glücklich sein, das wünsch' ich mir.

Wir fuhren über die Elster, in der Poniatowski seinen Tod fand; man zeigte mir in der Vorstadt die verschiedenen Stellungen, die die feindliche Armee hier eingenommen hatte, wo man durch die Gärten galoppiert war und Napoleon sich zurückgezogen hatte.

Leipzig selbst machte einen angenehmen Eindruck auf mich, es ist eine große, freundliche Stadt, die Hauptstraßen sind unserer Østergade sehr ähnlich, allerdings sind sie breiter und, was sie hübscher erscheinen läßt, gerader. Ich glaube, es wohnen zwei bis drei Buchhändler in jeder Straße; überall stehen Bücherschränke und in den großen blanken Glasfenstern hängen Kupferstiche und Bilder. Auf den Straßen laufen die Burschen herum, mit langen Pfeifen im Munde und die Collegienhefte unter dem Arm. Einige von ihnen trugen ihre altdeutsche Tracht, die großen, weißen Hosen, den kurzen Rock und die langen, über den weißen Halskragen herabhängenden Locken.

Ich besuchte die Nikolaikirche, wo ich Gemälde von Oeser fand; eines, *Christus am Brunnen*, gefiel mir besonders; ob es mir gefallen mußte, weiß ich nicht, da ich noch keinen Kunstkritiker dazu befragen konnte. In der Kuppel über dem Altar war ein schwebender Engel gemalt, der keine Malerei, sondern ein wirklich lebendes Wesen zu sein schien. Die hohen Gewölbe wurden gerade abgestaubt; man hatte einige künstliche Gerüste aufgestellt, und von diesen erhob sich eine ungeheuer lange Leiter hoch hinauf, wie ein Schiffsmast, und ganz oben auf diesem wackligen Sitz saß ein Mann, genau wie Puds in *Sigrid mit dem Schleier*, und fegte mit äußerstem Vermögen. Das sah ziemlich malerisch, aber auch ein wenig fürchterlich aus. Mir kam es beinahe vor, als sei der Mann da oben hinaufgesetzt worden, damit die Kirche durch ihn und seine offensichtliche Gefahr höher aussehen sollte als sie es eigentlich ist.

In einem kleinen, abgesonderten Raume zeigte man uns eine alte Kanzel, auf der Luther gepredigt haben soll; ich stellte mich auf die Fußspitzen, um mit meinen Händen dahin reichen zu können, wo er sie hingelegt haben mag.

Aus der alten Kirche ging ich aus der Stadt hinaus zu Gellerts Grab.

Ein flacher, einfacher Stein mit seinem Namen und Sterbejahr bezeichnet dasselbe. Daneben war ein Rosenstock gepflanzt und ein niedriges Gitter umgab das Ganze, auf welches die vielen, die Gellerts Grab besuchten, ihre Namen schrieben oder einschnitten; ich schrieb auch den meinigen darauf.

Rund umher waren viele bei weitem schönere Gräber, die gewiß viel vornehmere Leute in sich schlossen als Gellert, aber keine fremde Hand hatte sich zur Erinnerung auf denselben eingezeichnet, und selbst die Grüfte mit den eisernen Gittern standen nur da wie eine Mauer, die dazu diente, das einfache Dichtergrab einzufriedigen. Hier war der Dichter der Vornehmste, durch ihn erhielt diese Stätte mit ihren Toten ihr Interesse. So hat der Großherzog von Weimar angeordnet, daß Goethes und Schillers Särge in der großherzoglichen Gruft zu beiden Seiten von dem seinigen stehen sollen. Auf diese Weise kann sich der Mensch, wenn er zwischen der Sonne und dem brausenden Wasserfall steht, einen Regenbogen schaffen.

Die andern frischen Gräber ringsumher waren wunderlich

geschmückt, außer mit Blumen und Kränzen hatte man sie auch mit Citronen und Apfelsinen besteckt, einige waren in Stücke geschnitten; aus den Kränzen flatterten lange Bänder mit goldenen und silbernen Fransen, die, wenn der ganze Schmuck etwas alt war, ziemlich häßlich aussahen. Auf den Bändern waren Verse abgedruckt, teils selbstgemachte, teils aus bekannten Dichtern gewählte. So fand ich auf einem Höltys:

Heute hüpft im Frühlingstanz
Noch der frohe Knabe,
Morgen weht der Totenkranz
Schon auf seinem Grabe!

Daß ein Grab mit einem einfachen Kranze geschmückt werde, das finde ich hübsch und bedeutungsvoll; der Zimmermann steckt ja auch seinen Kranz mit dem bunten Flittergold auf das Dach des Hauses, wenn das ganze Gebäude gerichtet ist, warum sollten wir nicht auch hier unsern Kranz aufstecken? Das Grab ist ja doch das Dach auf dem Gebäude unseres Erdenlebens, erst wenn dieses geschlossen ist, ist es vollständig gerichtet.

Auf dem Kirchhof ward gerade eine Leiche beerdigt; es war ein alter Tischler, der vielleicht selbst das Holz gekauft hatte zu seiner engen Schlafkammer. Den Sarg trugen Männer auf ihren Schultern; er war auch mit Blumen, Citronen und Apfelsinen geschmückt. Eine Menge von Weibern und Kindern drängte sich heran, dennoch kam ich ziemlich nahe am Grabe zu stehen, an welchem Chorknaben mit ihren jugendlichen Stimmen sangen, während die Sonne hinter den hohen Pappeln unterzugehen anfing.

Als ich am Abende allein durch die Straßen der fremden Stadt wanderte, um das Hotel de Bavière zu finden, verirrte ich mich und kam auf diese Weise nach ›Auerbachs Keller‹, wo bekanntlich der Sage nach Dr. Faust auf einem Weinfaß zum Fenster hinausritt. Ich ging hinunter, um doch in der merkwürdigen Stube gewesen zu sein, wo diese Geschichte passiert war; sie ist sehr klein und hat nur das eine Fenster, durch welches Faust herausgeritten ist. Die ganze Geschichte war auf der Wand abgemalt, leider aber etwas dunkel und undeutlich.

Hier saßen drei alte Leute in einem lebhaften Disput, wenn ich nicht irre, über das Unbegreifliche, daß ein Dreieck doch im Grunde ein halbes Viereck ist; es schien übrigens, daß sie auch auf den Dünsten des Weines noch weiterfliegen wollten, als zum Fenster hinaus. Zuletzt fingen sie an zu singen, wie Frosch und Brander in Goethes *Faust*: »Es war eine Ratt' im Kellernest!« Das heißt, sie sangen nicht eben dies Lied, aber die Situation war dieselbe, so daß ich jeden Augenblick nach der Tür hinsah, ob nicht Mephistopheles mit dem Doktor eintrete.

Die italienische Operngesellschaft von Dresden war hier in Leipzig, und gab bei meiner Ankunft schon ihre zehnte Vorstellung. Ich sah Rossinis *Tell*. Die Oper hat vier Akte, aber da sie ohne Abkürzungen zu lang und zu ermüdend sowohl für die Zuhörer als für die Sänger werden würde, so hatte man sie wie bei der *Vernichtung des Menschengeschlechts* mitten durchgeschnitten, so daß man den einen Abend die beiden ersten Akte sah, und das nächste Mal die beiden letzten. Ich war beide Abende da und erhielt auf diese Weise doch etwas Ganzes.

Es ward nicht ein einziges Wort gesprochen; der Dialog war Rezitativ; aber wenn Rezitative mit dem Ausdrucke gesungen werden, wie dies hier geschah, so sind sie keineswegs ermüdend, wie man bei uns glaubt. Signor Zezi war ein vorzüglicher Tell, hübsch anzusehen, er zeigte Geist und Spielfreude. Etwas, das man weniger bei Signora Palazzesi fand, die die Partie der Mathilde spielte; aber sie sang hübsch, hatte Schule, Anmut und Stärke, wenn sie nur nicht jedesmal so viele Grimassen gemacht und den Kopf so weit zurückgelegt hätte, wenn sie Triller und künstliche Läufe mit der Stimme unternahm. Das Publikum empfing sie mit stürmischem Geklatsche und Beifall, denn sie war lange fort gewesen und trat nun zum ersten Mal wieder auf, nachdem sie mit einer Influenza gelegen hatte.

Ein Signor Rubini sang die Partie des Arnold, ich sage sang, denn es war kein Gedanke an Spiel dabei. Er kam mir vor wie eine künstliche Marionette, der nur zwei Bewegungen mit den Armen zur Verfügung stehen: geradeaus, und dann die Hand aufs Herz; allerdings gab es eine ordentliche Ton-Orgel in dem guten Mann!

Wie weich und ausdrucksvoll klingt doch diese italienische Sprache! Es sind Töne, die zu Worten versteinert sind; – wie schön müssen die nicht klingen in der stillen Nacht, unter dem südlichen Himmel, wenn sie von Liebe erzählen! – Liebe! – Hu! Wie häßlich hart und knurrig klingt doch dieses Wort, das den höchsten Geist in Seele und Gedanken zum Ausdruck bringen soll, auf dänisch. »Kœrlighed!« – Oh, wer dieses häßliche, schnarrende Wort erfand, hat die Liebe nicht gekannt und gefühlt. – Es war gewiß ein alter, verdrießlicher Papa, der die jungen Herzen um ihre seligen Träume beneidete, und dann wie ein Kettenhund von ihrer, wie er es nannte, »Kœrlighed« knurrte.

Was die Musik zu *Tell* betrifft, ich hörte sie nur einmal, außerdem ist darüber so viel gesagt und geschrieben worden, teils zu ihrem Vorteil, daß meine Meinung nichts zur Sache tut. Mir erschien es, als komponierte Rossini hier in einem anderen Genre als früher, und fast glaube ich, daß diese Tatsache viele mehr verblüffte als die Komposition selbst. Mir gefiel es nicht so wie der *Barbier von Sevilla*; dies hier hat durchaus ein herrliches Terzett, ein Duett und einige Chorpassagen, von denen jeder ergriffen ist, aber nichts von alledem hat doch das Charakteristische wie z. B. Don Baziles Arie über die Verleumdung, sie scheint mir ein wahres Meisterstück zu sein. Orpheus brachte Bäume und Steine zum Tanzen durch sein Spiel, und davon ist dort wirklich etwas enthalten. Musik hat eine erstaunliche Kraft, in Totem Leben zu erwecken, davon überzeugen uns die meisten Operntexte. Von den Tönen wird dann geradezu ein poetisches Gewand um das Ganze geworfen. Doch Tell erscheint mir in diesem geistigen Gewand so merkwürdig zusammengekrümmt, das war nicht die Schillersche Heldengestalt.

Die Uhr war noch nicht neun, als die Oper vorbei war; ich besuchte noch ›Reichenbachs Garten‹, um die Stelle zu sehen, wo Poniatowski seinen Tod in der Elster fand. Der Garten ge-

Poniatowski-Denkmal in ›Reichenbachs Garten‹

hört einem reichen Kaufmann Gerhardt, der sich von denen, welche diese Stelle sehen wollen, Eintrittsgeld geben läßt.

Hier, durch diese hohen Bäume sprengte der schwer verwundete Held, verfolgt von dem siegreichen Feinde. Es ist beinahe unglaublich, daß jemand in diesem unbedeutenden, schmalen Wasser ertrinken konnte! Eine Trauerweide stand an der Stelle, wo er mit dem Pferde stürzte, und einige Schritte davon, wo man seine Leiche gefunden, stand eine kleine, einfache Säule, die überall beschrieben war, namentlich von seinen Landsleuten.

Ein Stück war völlig aus dem Stein geschlagen worden, es hieß, hier habe ein Vers gestanden, den die sächsische Regierung als zu freizügig empfand und ihn daher entfernen ließ. Das ginge auch zu weit, wenn Steine reden könnten!

Eine wunderliche Abenddämmerung lag über der Stätte, ich dachte an Kosciusko, Polens Wilhelm Tell, an das unglückliche Reich, das wie eine Landkarte in Stücke geschnitten ist, an das arme, kämpfende Volk – ein kleiner Vogel hüpfte auf einem Zweig nah heran und zwitscherte, aber ganz leise, er fürchtete gewiß Zensur und Steckbriefe, es klang so gedämpft, aber mir schien, als hörte ich den Kampfgesang des sterbenden Polen:

»Noch ist Polen nicht verloren!«

Wäre jedes begeisterte Herz solch ein kleiner Vogel, und die Gedanken und Gefühle seine Töne, von welchen Gesängen wäre die Luft erfüllt! Aber wie viele Heinrich der Vogler würden dann auftreten, welche Jagd würde es dann geben ——————— und doch, »nicht ein Spatz fällt zur Erde ohne unseres himmlischen Vaters Willen!«

Mit Riesenschritten gehen wir einer neuen und besseren Zeit

entgegen; aber Europa hat es auszufechten, die wilde Lava muß erst vom Berg fließen, bevor es die üppigen Ranken des Friedens und der Fruchtbarkeit tragen kann. Eine vernünftige Freiheit, eine natürliche Aufklärung wird dann ihre milde Sommerwärme über die Länder ausbreiten, dann wird das neue Gimle hinter dem kämpfenden Ragnarök emporsteigen! Aber unser Zeitalter ist interessant! Das wilde Gären in der Natur und dem Menschenleben, es ist herrlich zu erleben! Wir wirken doch alle mit an dem großen Ziel. Manch ein wildes, brausendes, romantisches Gemüt wird uns vielleicht beneiden! Wohl wird man sich über vieles wundern, den Kopf schütteln, lächeln und wieder zufrieden nicken, wenn sie unsere Tagblätter in die Finger bekommen, die Sachen aus alten Zeiten beinhalten; möglicherweise werden da viele Dinge als Kuriosa gedruckt, aber welche! Ja, – es geschieht überaus viel! Laßt uns zur Abwechslung an dieser Stelle einhalten und schauen. Wir nehmen den ersten Artikel auf der Seite, nun den zweiten, und lesen – natürlich meine ich nicht, daß es sich etwa um Kuriosa handelt, es ist Zufall, was da steht.

»Don Miguel hat vom Papst Rosen erhalten, als Zeichen des christlichen Königs!«

»Ach ————————————————————!«

»Der Geheime Staatsminister von Klewitz hat einen lithographierten Rundbrief an die Redakteure der öffentlichen Zeitungen in Preußen senden lassen und empfiehlt ihnen, nicht allein den Buchstaben des Zensurgesetzes zu folgen, sondern auch dessen Geist. Die Redakteure mögen durchaus historische Fakten berichten, aber sie haben nicht durch Berichte von revolutionären Begebenheiten, auf eine weitschweifige, oder vielleicht sogar lobende Art und Weise Aufruhr- und Aufstandssituationen darzustellen« – »Sie dürfen sich nicht über fremde

Regierungen abfällig äußern, die in einer freundschaftlichen Beziehung zum preußischen Staat stehen.« – »Den Redakteuren wird empfohlen, stets von Beispielen der Hingabe an die Beibehaltung der Ordnung etc., die beklagenswerten Folgen unruhiger Bewegungen für die persönliche Sicherheit, den Handel und das Handwerk usw. usw. zu berichten oder diese von anderen Zeitschriften zu übernehmen.«

»— spüre das große Interesse an – aber —«

»Lindberg« – ach ja, sein Subskriptionsplan zu einer *Monatsschrift für das Christentum* erscheint sicher im gleichen Band wie *Münchhausen* und *Robertus von Agerkaal*, man glaubt, es sei Satire und nicht Ernst im Jahre 1831.

Abreise. Meißen. Der erste Tag in Dresden. Dahl und Tieck.

Nach einem Aufenthalte von drei Tagen verließ ich das freundliche Leipzig, wo ich mehrere vortreffliche Menschen kennengelernt hatte. Meine Reisegesellschaft mit der Schnellpost bestand aus zwei jungen Herren aus Frankfurt an der Oder und einem alten Doktor. Dieser war ziemlich bewandert in der dänischen Literatur und fragte, als er meinen Namen hörte, ob ich verwandt sei mit dem Autor von *Das sterbende Kind.* Ich antwortete ihm, daß ich es selbst sei, und nun fragte er mich ganz naiv, ob ich ein Kleines verloren hätte, als ich es schrieb, da er sich nicht vorstellen könne, daß ich als junger Mensch sonst derart empfinden könne. Er war einigermaßen überrascht zu hören, daß dieses Kind alles war, was von meinem Schulbesuch übrig geblieben ist, wo ich es unter »katál, katlá« gefühlt und geschrie-

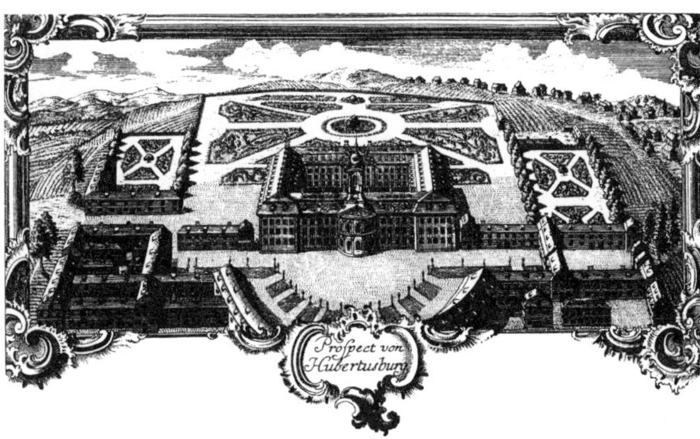

Die Hubertusburg in Wermsdorf

ben hatte. Es war schon dunkel, als wir bei dem Jagdschloß Hubertusburg mit seinem großen Garten vorbeifuhren. Mengs Pinsel soll viele Fremde nach der Schloßkapelle hinlocken; wir hatten keine Zeit, auch keinen Mangel an Bildern; ein Bild wechselte mit dem andern, wenn wir durch die offenen Wagenfenster hinaussahen. Hier ein Wirtshaus mit Reisenden, der Hausknecht mit der brennenden Laterne in der Tür, – das war ein Nachtstück in Rembrandtscher Manier; dort sah man eine sumpfige Gegend in Morgenbeleuchtung, einige wilde Enten plätscherten im grünen Schilfe, eine Manier, die Ruysdael nachzuahmen pflegt; weiterhin lag ein Flecken mit eingestürzten Mauern; im Vordergrunde, unter einem großen Baume, saßen ein Paar junge Leute und küßten sich, – das war eine Manier, die ich selbst gern hätte nachahmen mögen.

Je näher wir Meißen kamen, ein um so mehr romantisches Aussehen bekam die Gegend. Hin und wieder sah man Felsen sich erheben, mit einem ganz andern Charakter, als die im Harz. In rotgelben Steinmassen, mit jungen Buchen bewachsen, hingen sie über unsern Häuptern; auf der andern Seite des Weges lagen die grünen Weinberge mit rotgedeckten Häusern, und unten schlängelte sich die Elbe in malerischen Krümmungen. Schiffe wurden von Menschen und Pferden den Fluß hinauf gezogen, während andere mit schwellenden Segeln stromabwärts fuhren.

Meißen selbst hat enge Straßen und sah mir recht unheimlich aus; man muß es hier wie mit jedem schönen Gemälde machen, die Augen nicht allzu nahe daran halten, man muß das Ganze mit Abstand betrachten. Ohne besondere Empfehlung aus Dresden darf man die große Porzellanfabrik nicht besuchen, ich mußte mich also mit einem kleineren Teil davon begnügen, mit einem sehr kleinen Teil, das heißt mit den Tassen, aus denen ich im Wirtshaus meinen Kaffee trank; und bei dieser kleinen Probe kann ich mich, selbst mit Phantasie und dem besten Willen, nicht auf irgendwelche Notizen über die ganze Fabrik einlassen.

Der Dom ist ein herrliches, gotisches Gebäude. Die Sonne schien in die hohen Fenster hinein, wo ein kleiner Vogel, der sich verirrt hatte, umherflatterte und mit den Flügeln an die Fensterscheiben schlug, um heraus zu kommen. Da sah ich meine eigene Kinderwelt! Die Kindheit ist auch eine solche heilige, große, gotische Kirche, in welche die Sonne freundlich durch bunte Fensterscheiben scheint, wo ein jeder dunkle Winkel ein mächtiges Gefühl erweckt, und wo das einfachste Bild durch seine Beleuchtung und durch die Sage eine weit tiefere Bedeutung bekommt. Das Alltagsleben zeigt sich hier in seinen Sonntagskleidern, Gott und die Welt liegen einander weit näher, und doch flattert das Herz, wie der kleine Vogel hier in der Kirche, nach der neuen, draußen liegenden Zukunft, wo vielleicht ein Jäger hinter dem Gebüsch lauert, ihm eine Ladung Schrot durch die Flügel zu schießen.

Der Weg von Meißen nach Dresden ist mit Akazien und Birnbäumen bepflanzt; auf den Feldern stehen Kohl und Kartoffeln; es ist ein wahrer Küchengarten! Freundliche Anhöhen, mit Wein und Laubholz bewachsen, liegen an beiden Seiten, und hinten bildet Meißen selbst, das mit seinem Schloß und Dom sehr hoch liegt, den herrlichsten Punkt in dem ganzen Gemälde; außerhalb der Stadt führt eine steinerne Brücke über die Elbe, wo Menschen gehen und fahren, ohne daran zu denken, viel weniger noch sich darauf etwas zu Gute zu tun, wie sie gerade dadurch das Ganze beleben.

Je weiter man sich von hier entfernt, desto höher werden die

Meißen mit Albrechtsburg und Dom

Dresden. Augustusbrücke

Berge, und bald sieht man wie durch einen bläulichen Schleier das deutsche Florenz, Dresden, mit seinen hohen Türmen und Kuppeln vor sich liegen.

In einem kleinen Dorf, das an der sich dahinschlängelnden Elbe ganz romantisch gelegen war, hielten wir vor einem Landgasthof. Um die Fenster rankte sich ein Spalier von Rosen; wie kindliche Mädchenhäupter schauten sie rund und voll in die Zimmer, in denen Postburschen in leuchtend gelben Uniformen mit blauen Kragen und Trompeten auf dem Rücken saßen. Auf dem Tisch stand Landwein in großen Glaskrügen, und einige kleine Kinder spielten mit einem kleinen Hund, der mit einem Blumenkranz um den Kopf auf den Hinterbeinen tanzte.

Hier sah ich das erste Erdbeerfeld, in Dänemark blühten sie bestimmt noch nicht!

Der Postillon blies, und – mit den letzten Erdbeeren in einem Weinblatt hielt ich außerhalb Dresdens. Hier am Tor wurde mir mein Paß abgenommen, statt dessen erhielt ich eine Aufenthaltskarte. Die Neustadt schien mir recht ansehnlich; ich hatte sie mir ganz anders vorgestellt, aber als ich nach der Augustusbrücke kam, die ich schon so gut aus Kupferstichen kannte, kam es mir vor, als ob ich schon früher einmal im Traum hier gewesen wäre. Die Elbe wälzte ihre gelben Wellen unter den stolzen Bogen durch; auf dem Fluß war viel Leben und Treiben, aber weit mehr noch auf der Brücke; auf der Mitte jagten Wagen und Reiter, und auf beiden Seiten ging eine Masse Fußgänger im buntesten Wechsel; ungefähr mitten auf dem Fluß stand auf einem der Ausbaue, welche die einzelnen Pfeiler bilden, ein Kruzifix, ich glaube, von Metall. Nun kamen wir nach der Altstadt, dem eigentlichen Dresden; die Brühlsche Terrasse mit ihrer breiten Treppe lag links, die katholische Kirche rechts und gerade vor uns das Tor, durch das wir in die eigentliche Stadt hineinfuhren.

Dresden steht für mich als Übergangspunkt in der Mitte von Nord- und Süddeutschland da und hat auch einen gemischten Charakter von beiden. Es war die letzte große Stadt, die ich nach Süden zu in Deutschland zu sehen bekommen sollte; dieser Gedanke fiel mir ein und war die Ursache, daß ich ganz wehmütig gestimmt in die liebe Stadt hineinfuhr.

Meine beiden Frankfurter wollten sich im Hôtel de Russie einquartieren, ich beschloß, ihnen Gesellschaft zu leisten, es erwies sich als richtiger Entschluß.

Die Stadt hatte für mich etwas einladend Freundliches; ich fühlte mich darin gleich wie zu Hause. Mein erster Gang war zu unserem berühmten Landschaftsmaler Dahl. Ich hatte keinen Empfehlungsbrief, aber als Däne war ich herzlich willkommen. Sowohl mir wie seinen anderen Landsleuten, die mit mir zur selben Zeit da waren, brachte er viele Opfer an Zeit und Mühe. Er war am Abend mit zwei Norwegern zu Tieck eingeladen; der große Dichter wollte an diesem Abend in einem Kreise von Freunden etwas vorlesen; da ich nun einen Empfehlungsbrief von Ingemann an ihn, ihm auch schon früher selbst einmal geschrieben hatte, so forderte Dahl mich auf, ihn zu begleiten, bat mich jedoch, jetzt nicht die Zeit bei ihm zu verlieren, sondern in die katholische Kirche zu gehen. Es war gerade an diesem Tage das Fronleichnamsfest; die meisten Zeremonien würden jetzt wohl freilich schon vorbei sein, meinte er, ich würde aber doch die Kastraten singen hören.

Ich fand bald den Weg über die Brühlsche Terrasse, die von Spaziergängern wimmelte; da gab es so viel Hübsches zu sehen, die große Augustusbrücke mit ihrem Menschengewühl, die

Elbe mit ihren Schiffen und die grünen Weinberge an ihren Ufern! Aber ich hatte keine Zeit, ich mußte mich beeilen.

Jetzt stand ich in der katholischen Kirche. Wie groß und hell! Das Musikchor brauste über meinem Kopf; auf allen Altären brannten Lichter, und rund umher in den Seitenkapellen und in den großen Gängen lagen Menschen auf den Knien. Die königliche Familie war in der Kirche, ich sah den König sehr eifrig beten; drei Priester in Gewändern von Goldstoff standen am Altar, und viele kleine Knaben, in roten Kleidern mit einem kleinen weißen Überwurf, schwangen Rauchfässer. Die Kastraten sangen; das waren keine männlichen, aber auch keine weiblichen Stimmen; es waren seltsam weiche Molltöne. Es lag etwas so Tiefes, Wehmütiges in diesem Gesang, als wäre es des Herzens ganze Sehnsucht, die sich in Tönen aussprach; sie machten einen ganz wunderbaren Eindruck auf mich, aber ich fühlte mich gar nicht froh dabei.

Am Hochaltar war eine beständige Bewegung, die den feierlichen Eindruck, den das Ganze auf mich machte, störte. Die Chorknaben kamen und gingen mit großen Lichtern, und die Priester verneigten sich jeden Augenblick und klingelten mit ihren silbernen Glocken.

Schweizer in gelben Livreen, mit großen, silberbeschlagenen Stöcken in der Hand, gingen in den Gängen herum, um auf die Ruhe zu achten und aufzupassen, daß die Böcke von den Schafen getrennt blieben. Menschen kamen und gingen, aber alles geschah sehr leise. Ich sah böhmische Frauen und Mädchen, die wahrscheinlich mit ihren Waren zu Markt gewesen waren; sie kamen mit ihren Körben oder Bündeln auf dem Rücken in die Kirche herein, knieten in den Gängen, beteten ihren Rosenkranz und entfernten sich dann wieder in größter Eile.

In den Kapellen knieten Männer und Frauen vor dem Bilde der Mutter Gottes, und in manchem Gesicht sah ich den Ausdruck wahrhafter Erhebung und Andacht. Die Sonne schien durch die Fenster und vermischte sich wunderbar mit dem Schein der vielen Lichter und dem wohlduftenden Rauch; es lag wirklich etwas darin, was auf dem Tonmeer der Musik den Weg zum Herzen fand.

Es war sieben Uhr abends, als ich mich mit Dahl und den zwei jungen Norwegern zu Tieck begab; ich sollte jetzt den Dichter sehen und kennenlernen, dessen geistiges Ich mich so oft und gewaltig beschäftigt hatte. Ich dachte nicht an seinen *Gestiefelten Kater* und *Prinz Zerbino*, nicht an seine wunderschöne Elfenwelt und die herrlichen Novellen, nein, alles schmolz mir in dem Manne selbst zusammen, in Deutschlands Tieck, dem Meister einer ganzen Schule, der romantischen Poesie, dem

Dichterlesung Ludwig Tiecks

Manne, der Goethe an Alter, Wert und Anerkennung bei seinen Landsleuten am nächsten steht.

Das Zimmer, in das wir geführt wurden, war nicht groß. Hier saßen um den Teetisch herum die Familie und einige Fremde, meistens Ausländer. Ich hatte Ingemanns *Ole der Namenlose* von dem Dichter selbst mitbekommen und meine eigenen *Phantasien und Skizzen* ebenfalls bei mir. Dahl stellte die beiden Norweger und mich als seine Landsleute vor, und der Dichter begrüßte uns freundlich und hieß uns willkommen; als ich ihm darauf die Bücher und Ingemanns Brief gab, nahm er mich freundlich bei der Hand und fragte, ob ich derjenige sei, der die *Fußreise* geschrieben habe? Als ich dies bejaht hatte, sagte er mir einige verbindliche Worte, hieß mich noch einmal willkommen in Deutschland und erkundigte sich nach Ingemann, den er sehr wertschätzte. Welch ein Ausdruck lag in dieses Mannes Blicken! Nie habe ich ein offneres Gesicht gesehen. Seine Stimme klang so gutmütig, und sah man ihm in die großen, klaren Augen, da fühlte man sich gewiß gedrungen, sich ihm anzuvertrauen. Es war nicht bloß der Dichter, den ich liebte, auch der Mann ward mir jetzt teuer! Ja, so hatte ich ihn mir gedacht, als ich *Die Elfen* las; – aber meine Träume sind schon so oft fehlgeschlagen, daß ich zuweilen wiederum dachte: in der Wirklichkeit ist er vielleicht ein steifer, vornehmer ›Hofrat‹, und das würde mich sehr abgeschreckt haben. So war auch meine Vorstellung von Goethe, was meine Lust überwand, den großen Dichter zu sehen, von dem ich glaubte, daß er sich am herrlichsten ausnähme, wenn man ihn, wie die Kirchtürme, aus der Entfernung sähe. So geht es nicht mit Tieck; wenn man eine halbe Stunde bei ihm gewesen ist, vergißt man den Dichter zugunsten des Menschen.

Die Gesellschaft bestand übrigens aus Menschen von den

verschiedensten Gegenden des Erdballs; hier war einer aus Amerika, ein anderer, der die Reise um die Welt gemacht hatte, da waren Norweger, Deutsche u. s. w. Ich war der Einzige aus Dänemark.

Tieck liebt Holberg sehr, den er in einer alten Übersetzung besitzt, aus der er zuweilen vorliest und zwar ganz vortrefflich. Ich hörte ihn diesen Abend den zweiten Teil von Shakespeares *Heinrich der Vierte* vorlesen. Er pflegt, wenn er vorliest, die Personen nicht zu nennen, aber er spielt eine jede, so daß man gleich weiß, wer es ist. Namentlich die komischen Szenen gab er ganz meisterhaft, und es war ganz unmöglich, über seinen Falstaff oder seine Frau Hurtig nicht zu lachen.

Als wir am Abend aufbrachen, bat mich Tieck, so lange ich in Dresden bliebe, ihn öfter zu besuchen, und bereitete mich namentlich auf den Genuß vor, der mir in dem Besuch der Bildergalerie und der Sächsischen Schweiz noch bevorstände; erstere war unglücklicherweise geschlossen, da die Bilder aufs neue geordnet wurden, aber Dahl hatte mir versprochen, mich am andern Morgen hinaufzubringen, wo doch die besten Sachen schon alle aufgehängt waren. Ich sagte Tieck gute Nacht, Dahl zeigte mir den rechten Weg nach Hause – dies war der erste Tag in Dresden.

Die Bildergalerie. Das Linkesche Bad. Das Grüne Gewölbe. Die Rüstkammer. Ausflug in die Sächsische Schweiz. Pillnitz. Der Liebethaler Grund. Lohmen. Der Ottowalder Grund. Amor als Führer. Die Bastei. Die Wolfsschlucht. Hohnstein. Der Kuhstall.

Mit Dahl, unserem dänischen Gesandten und den beiden jungen Norwegern ging ich nun nach der Bildergalerie. In mehreren Sälen lagen die Bilder auf der Erde hingestreckt, aber in den meisten waren sie schon geordnet und aufgehängt. Welch' eine Masse von Kunstwerken! Ein Bild verdrängte das andere, nur ein einziges blieb zurück in der Erinnerung. Es ist wahrlich zu viel des Guten auf einmal, zurück bleibt eine Art geistiger Erschöpfung; ungefähr so, als läse man zu viele Aphorismen von Seneca, Jean Paul oder Rochefoucauld auf einmal.

Was soll ich zuerst erwähnen von den großen Einzelheiten, die den tiefsten Eindruck auf mich machten? Doch kann ich noch fragen? Raphaels *Madonna*! Ich durchflog die Säle, um dieses Bild zu finden, und als ich vor demselben stand, da – setzte es mich gar nicht in Erstaunen. Es kam mir wie ein gewöhnliches Frauengesicht vor, aber nicht schöner, wie ich sie oft gesehen. Ist dies das weltberühmte Bild? dachte ich, und wollte damit überrascht werden, es zu sehen, aber es blieb in meinen Augen doch dasselbe. Es kam mir sogar vor, als ob mehrere Madonnenbilder, mehrere weibliche Gesichter auf dieser Galerie viel schöner seien; nun ging ich zu diesem zurück, – aber da fiel mir der Schleier von den Augen, die sahen jetzt wie Menschengesichter aus, denn ich hatte das Göttliche selbst gesehen. Ich trat jetzt wieder vor sie hin, und nun erst fühlte ich das unendlich Wahre und Herrliche in diesem Bilde. Es ist nichts daran, was frappiert, nichts, was blendet, aber je aufmerksamer man sie und das Christuskind betrachtet, desto göttlicher werden sie. Ein so überirdisches, kindliches Gesicht hat kein Weib, und doch ist es die reine Natur. Es kam mir vor, als ob jedes fromme, unschuldige Mädchengesicht Ähnlichkeit mit diesem habe, daß dies aber das Ideal sei, nach dem die andern strebten. Nicht Liebe, aber Anbetung rief dieser Blick hervor. Nun erst ward es mir klar, wie der vernünftige Katholik vor einem Bilde knien kann. Es sind nicht die Farben auf der Leinwand, die er anbetet, es ist der Geist, der göttliche Geist, der sich hier leibhaft offenbart vor dem leibhaften Auge, während die mächtigen Orgeltöne über ihn hinbrausen und die Dissonanzen der Seele auflösen, so daß eine Harmonie zwischen dem Irdischen und dem Ewigen entsteht.

Die Zeit hat die Farben auf dem Bilde gebleicht, aber dennoch scheint alles zu leben; die große Glorie von Engelköpfen im Hintergrund entwickelt sich mehr und mehr, und in dem Blick des Christuskindes sammelt sich der ganze, große Ausdruck; einen solchen Blick, ein so kluges Auge hat kein Kind, und dennoch ist es das natürlich Kindliche, was uns hier so tief ergreift. Und nun die lieblichen Engelkinder unten! Sie stehen da wie ein hübsches Bild irdischer Unschuld; mit kindlicher Ruhe sieht das jüngere vor sich hin, während das ältere den Blick zum Himmlischen über sich erhebt. Dieses eine Bild würde die Galerie berühmt machen, so wie dieses eine hinreicht, seinen Meister unsterblich zu machen. In demselben Saal hingen noch drei Meisterwerke; hier war Correggios *Nacht*, eine poetische Idee, herrlich aufgefaßt und durchgeführt. Das Licht strömt von Jesus aus über alle die andern

Die ›Bildergalerie‹

rings umher. Namentlich frappierte mich eine weibliche Figur, welche die Hand vor die Augen hält und sich von dem starken, blendenden Licht halb abwendet. Die Meisten pflegen dieses Stück unter den Arbeiten dieses großen Meisters obenan zu stellen, aber ich ziehe doch den *Heiligen Sebastian* vor, der ebenfalls seinen Platz in diesem Saal hatte. Welche herrliche Gruppe von Engeln! Sie schweben auf den leichten Wolken herab auf den frommen Märtyrer mit dem ruhigen, begeisterten Blick. Noch befand sich hier ein Stück, das ich das vierte von diesen gottbeseelten Bildern nennen zu dürfen glaube: ein Christus von Carlo Dolci; Hoheit und Schmerz waren in diesem edlen, gottergebenen Gesicht miteinander verschmolzen.

Ich ging von Saal zu Saal und besah alle die großen Kunstschätze, aber stets mußte ich wieder zu diesen vier Schätzen zurück, zu Raphaels *Madonna* und Correggios Engelgruppen.

Doch bewahre ich aus meinem ersten Besuch auf der Galerie auch noch den Eindruck von andern vortrefflichen Bildern.

Das Weltgericht von Rubens, auf dem er seine drei Frauen im Porträt angebracht hat; zwei werden von Engeln in den Himmel getragen, die dritte dagegen schleppt der Teufel in die Unterwelt hinab. Rubens selbst sitzt auf seinem Grabe. Niemand scheint ihn zu beachten, er ist in tiefe Gedanken versunken; wahrscheinlich sinnt er darüber nach, wohin er kommen wird, und erwartet nun ruhig sein Schicksal.

Auf einem Bilde von Bassano, das die Arche Noah vorstellte, war es sehr komisch, daß das Schwein zuerst hineingetrieben ward und also den ersten Platz bekam.

Die heilige Magdalene von Batoni war hübsch, sie schien mir allerdings ein wenig zu weltlich auszusehen, ja, gerade so, als kokettiere sie mit ihrer Heiligkeit.

Ein alter Oberst, den wir auf der Galerie trafen, sagte sehr zutreffend, daß sie aussähe, als könne sie noch ein paar Jahre dienen.

Geistig ermüdet von dem Genuß aller dieser Herrlichkeit und körperlich matt von dem vielen Herumlaufen verließ ich die Galerie, um sie bald wieder zu besuchen.

Im königlichen Theater ward nicht gespielt, da die Darsteller während der Sommermonate fast alle auf Reisen waren. Außerhalb der Stadt im ›Linkeschen Bade‹ gaben die Zurückgebliebenen Vorstellungen. Eine junge Dame, Alexandrine Gebhardt vom Petersburger Hoftheater, spielte als Gast die Christine in *Die Königin von sechzehn Jahren oder Christines Liebe und Entsagung*, die deutsche Bearbeitung eines Vaudevilles von Scribe. Das Thea-

Der Theaterplatz

ter hatte eine ziemliche Ähnlichkeit mit unserem in Vesterbro und lag an der Elbe in einem kleinen Wäldchen, in dem sich Musik und Zelte befanden. Familien aus Dresden saßen rings umher in der grünen Natur und genossen Erfrischungen, während andere spazierten und noch andere auf bunten Gondeln auf der Elbe fuhren.

Die junge Schauspielerin machte viel Glück und verdiente es; sie gab die Rolle mit einer Anmut und einer Feinheit, die das denkende Weib verrieten.

Zum Schluß sahen wir eine Art von Ballett, *Der Faßbinder*, dessen Inhalt sehr viel Ähnlichkeit mit dem alten Gesangsstück hat. Der Ballettmeister Hr. Gärtner ward herausgerufen, der Vorhang ging in die Höhe, das ganze tanzende Personal stand im Halbkreis mit dem Gerufenen in der Mitte, er machte eine Attitüde, legte die Hand aufs Herz und schien sehr entzückt –

dann klatschte man und lachte – das war das Ende vom Ganzen.

Es war ein herrlicher Abend im Freien! Die Musik ertönte so bedeutungsvoll hinter den grünen Hecken. Ich nahm eine Gondel, um nach Hause die Elbe hinab zu fahren. Die Augustusbrücke spiegelte sich im Wasser, und Dresden selbst erhob seine hohen Türme und Kuppeln in die Luft; es waren Schattenbilder auf einem goldnen Grunde. Je weiter sich das Boot von dem kleinen Wäldchen entfernte, erstarb die Musik im Wind; unter der Brühlschen Terrasse, wo ich ans Land stieg, waren Feuer angezündet. Oben war ein Gewühl von Spaziergängern; der Jasmin verbreitete einen starken Duft um sich her und unten in den Booten sangen einige lustige Matrosen die Barcarole aus der *Stummen*.

Welch' einen Wechsel brachte mir jeder Tag, jede Stunde, in dieser teuren Stadt! Welch' eine Menge von Ideen und Gefühlen durchströmte mich in den neun Tagen, die ich hier zubrachte! Vom Morgen bis zum Abend tummelte ich mich umher, und jeden Augenblick sah ich etwas Neues.

Man empfahl mir, das ›Grüne Gewölbe‹ zu sehen. Der Lohndiener verschaffte mir Gesellschaft, in der sich außer mir noch zwei Dänen befanden, und so wanderten wir aufs Schloß. ›Das Grüne Gewölbe‹ ist eine Reihe von Zimmern, die, was ihre Bestimmung angehen, sehr viel gemeinsam haben mit unserem Schloß Rosenborg. Sie sind übrigens keineswegs grün, und niemand weiß so eigentlich, woher sie ihren Namen bekommen haben. Da gab es große Tische mit Blumen- und Früchtemosaiken; die Bilder der sächsischen Könige hingen in Lebensgröße an den Wänden; hier zeigte man Becher aus Silber und Gold und ein ganzes Zimmer voll Spielzeug aus Perlen und Edelsteinen. Echte Perlen in ihrer natürlichen Gestalt waren angebracht wie das Glied, dem sie am meisten ähnlich sahen, die Verbindung war aus Silber oder Gold. So war eine Perle der Magen, eine andere der Kopf oder ein Bein u. s. w. Ich sah Luthers Ring und ganze Schränke voll Edelsteinen und Kostbarkeiten, die so tot und nichtssagend in all' ihrem Glanz da lagen, daß ich nahe daran war zu verzweifeln über allen diesen Reichtum, der mich gar nicht interessierte. Wären die Wände nicht von Spiegelglas gewesen, und hätte ich nicht darin zur Abwechslung mein eignes Gesicht schauen können, in dem der Ausdruck unverkennbarer Langeweile mir viel Spaß machte, da hätte es recht schlimm mit mir ausgesehen.

Mehr als das ›Grüne Gewölbe‹ amüsierte mich die ›Rüstkammer‹. In den großen Gemächern hingen Waffen an Waffen; manches berühmte Reitpferd, das einen königlichen Prinzen auf seinem Rücken getragen hatte, stand hier in Holz geschnitzt, angemalt und geschmückt mit Sattel und Zaumzeug; obwohl der Mann, der uns umherführte, oft erklärte, daß es ein dänisches Pferd sei, welches das hölzerne Bild vorstellte, ergriff es mich doch gleich tief. Könige und Ritter aus Wachs standen wie bezauberte Trabanten rund umher an den Türen und stierten uns mit ihren toten Augen an. Es befanden sich hier ganze Schränke voll von Pfeilen und Pistolen; ich sah eine Trommel von Menschenfell, ferner die Rüstung, welche Gustav Adolph an dem Tage getragen hatte, als er in der Schlacht bei Lützen fiel, einen Sattel, auf dem Napoleon geritten u. s. w.

Die ganze folgende Nacht träumte ich von nichts, als von Dolchen und Messern, mächtigen Wachsfiguren und großen hölzernen Pferden, so daß es mir gar nicht gut ging.

Ich sehnte mich auch nach der Sächsischen Schweiz; am folgenden Tage, so wurde beschlossen, sollte ein Ausflug dahin angetreten werden.

Es war ein schöner Morgen. Ich ging in die katholische Kirche. Die Altarlichter waren angezündet, und in einer der Seitenkapellen kniete eine herrliche Gruppe von Kindern, kleinen Mädchen und Knaben, die mit ihren jugendlichen Stimmen einen Gesang anhuben, während die Sonne auf das Bild der Mutter Gottes schien. Ich lehnte mich an einen Pfeiler, während Gesang und Orgeltöne über mich hinrauschten. Ein alter armer Mann, in Lumpen gehüllt, aber mit der tiefsten Zerknirschung in seinem dunkeln, barschen Gesicht, lag tief niedergebeugt im Gange, als ob er nicht den Mut habe, sich dem Altar zu nähern; aufrichtige Reue stand auf seinem Gesicht geschrieben, er blickte zur Erde nieder und betete seinen Rosenkranz, während die Kinder unschuldig fromm ihr Morgengebet sangen; ich mußte auch in meinem Herzen vor meinem Gott niederknien. Es war mir, als ob Gesang und Orgeltöne zu mächtigen Lebensbildern zusammenschmölzen, die an mir vorüberzogen. Wenn nur dies Ganze kein Traum ist, dachte ich, wenn ich nur nicht vielleicht gar zu Hause in Dänemark bin und schlafe und mich nur in diese fremde Stadt zwischen den Bergen hinträume, im Traum diese Orgeltöne und den frommen Gesang der Kinder höre, während der arme Bettler neben mir vor der Mutter Gottes kniet. Nein, ich träumte dies nicht, und doch träumte das Herz! Auch das löste sich in Tönen auf, denn das Herz ist eine Welt, in welcher die Gefühle, diese zwitschernden Vögel, Nester bauen, wo der Liebe leichter Kolibri singt, aber nur einmal singt, und dann wird das Herz zur Memnonssäule, aus welcher des Gesanges starkes Morgenlicht Töne hervorruft. In Liebe wurde der Mensch geschaffen; Liebe ist unsere Heimat; und daher wird jede Musik ein Kuhreigen, der die Erinnerung an die Heimat weckt. Ich mußte mich aus meinen Träumen herausreißen; man erwartete mich an der Elbe, wo unsere Gondel lag; der Ausflug in die Sächsische Schweiz sollte jetzt vor sich gehen. Bald schwollen die Segel im Winde, die raschen Ruderschläge teilten den Wasserspiegel, eine Reisegesellschaft sang und lachte und ich mußte mitlachen, während die erwachten Lebenserinnerungen in meinem Herzen in schneidenden Dissonanzen bei diesem schroffen Übergang vom Traum zur Wirklichkeit widerhallten. Aber da war ich denn auch wieder ein Mensch ebenso wie die andern.

Wir kamen vor mehreren großen Booten vorbei, die mit Landleuten angefüllt waren, Mädchen und Frauen, die in Dresden mit Milch gewesen waren; sie lagen in verschiedenen Gruppen in den Booten umher und hatten sich zum Schutz gegen die Sonne zugedeckt, während der Wind nur schwach in die Segel blies. Die Frauen waren ganz gelbbraun im Gesicht, die Mädchen dagegen rot und weiß, mit lebhaften, dunkeln Augen; ich erinnerte mich an die *Donaunixen* und dachte mir nun diese ländlichen Schönen als die Beherrscherinnen des Elbstromes; ich sah einer der freundlichsten in die schwarzblauen Augen hinein, und sogleich fuhr mir ein halbdutzend Romanzen und Balladen durch den Kopf. Die Weinberge bekamen ein frischeres Grün, die Nadelholzungen eine dunklere Färbung, und alle die rotbedachten Gebäude an den Bergabhängen standen da wie Erdgeister, die in dem starken Sonnenlicht ihr Leben eingebüßt hatten.

Bei dem Schloß Pillnitz, der Sommerresidenz des sächsischen Königs, stiegen wir ans Land. Das ganze Gebäude sah sehr chinesisch aus, als ob es auf einem Paar Teetassen und nicht in der schönen deutschen Bergnatur zu Hause sei. Ein Speisesaal zieht sich durch das ganze Hauptgebäude, die Decke wölbt sich zu einer Kuppel, die auf zwanzig freistehenden Säulen ruht, und die weißen Arabesken auf den hellblauen Wänden geben

Schloß Pillnitz

dem Ganzen einen hellen und freundlichen Anstrich. Steht man mitten im Schloßhof und hat die vier Palais mit ihren chinesischen Kupferdächern vor sich, braucht es nicht sehr viel Phantasie, um sich nach Tschung-ting-fu oder an die Ufer des Jangtsekiang zu denken. Aus einem Fenster sah ich ein fettes, rundes Gesicht mit einer langen Tabakspfeife schauen, und mir kam es vor, als müsse es zur Zing-Dynastie gehören. Die übrigen Reisenden waren der Ansicht, es sei ein schönes Schloß, und auch ich war dieser Meinung, denn ein so großes chinesisches Spielzeug hatte ich noch nie gesehen. Mir wurde ganz poetisch davon, und ich sang in einem fort:

Kang-Hi, Hoangho, Kong-Fut-Tsee
Qvang-tschew, Mandschu, Macao-Tee.

Ich bin nicht sicher, ob das ordentliches Chinesisch ist, aber Letzteren holt man direkt aus China.

Unser Weg führte uns nun durch ein freundliches, kleines Dorf in die freie, schöne Natur hinaus; bald näherten wir uns dem Liebethaler Grund, einem herrlichen, langen Felstal. Hoch oben, an beiden Seiten, liegen Felder und Wiesen, von denen man sich gar nichts träumen läßt; gelbe und graue Steinmassen, zwischen denen verkrüppeltes Gebüsch aufschießt, erheben sich an den Seiten; der Fluß Wesenitz fließt mitten durch. Arbeiter brachen Sandstein aus dem Felsen, ein großer Steinblock hing über ihren Köpfen und drohte, auf sie herab zu stürzen. Uns hatte man gesagt, wir sollten geradeaus auf dem Pfad bleiben, um nach Lohmen zu kommen, aber wir verliefen uns. Je länger wir gingen, desto enger wurde das Tal, die Felswände rückten näher zusammen, und wir konnten nur noch hintereinander auf dem schmalen Steg gehen, der bald über herabgestürzte Felsbrocken, bald durch Schilfrohr führte, das am Flußufer wuchs. Nur vereinzelte Sonnenstrahlen fielen zwischen die Felsen, die auf diese Weise halb im Schatten und halb in einem kräftigen Licht standen. Eine merkwürdige Stille, die mich im Innersten meiner Seele ergriff, lag über dem Ganzen; auch die anderen wurden so still. Wir kehrten wieder um und suchten uns in der Mühle einen Führer, nun wollten wir von oben in den stillen, romantischen Liebethaler Grund sehen, den wir alle in seinem tiefsten Heiligtum kennengelernt hatten.

Laß uns hier im Tale rasten!
Besser werden wir's nicht finden.
Hier am Mühlbach laß uns sitzen
Unter diesen alten Linden;
Über'm Mühlbach stürzt das Wasser,

Im Liebethaler Grund
unterhalb der Lochmühle

Hörst Du's drüben weiter rauschen?
Und des Müllers schöne Tochter
Seh' ich dort am Fenster lauschen.
Unschuld wohnt auf ihrer Stirne,
In den Augen Treu' und Milde;
Sie betrachtet mich und freut sich
An der Landschaft schönem Bilde.
Stolze Felsen, grau' und rote,
Sich am Fluß hinab erstrecken,
Und im Sonnenscheine singen
Vöglein in Gebüsch und Hecken.
Welche Landschaft! Laß uns weilen!
Hier zur Freude nur vereinen
Alle Gegenstände sich, und dennoch
Ist mir angst, ich möchte weinen. – –
Hör' ich doch den Vogel zwitschern:
»Seit geraubt sind meine Jungen,
Der Gefährte mir erschossen,
Hab' ich traurig nur gesungen!«
Malerisch hebt sich der Felsen. –
Neulich stürzten große Stücke,
Töteten 'nen armen Vater,
Weiter niemand – welch' ein Glücke!
Es erwärmen viele Länder
Weit und breit der Sonne Gluten;
Scheint die Sonne doch gleich freundlich
Auf die Bösen wie die Guten!
Ist mir doch, als hört' das Mühlrad
Ich die Worte deutlich sprechen:
»Neulich hört' ein junges Herz ich
Unter mir im Wasser brechen!«

Selbst das Mädchen – – laß mich weinen!
Diese Bitterkeit und Schmerzen
Sich nicht außer mir befinden,
Wohnen nur im eignen Herzen.

In der Natur und der Welt gibt es keine Dissonanzen, die eine löst sich in der andern auf, und in unsrer eignen Brust müssen wir die letzte suchen, die nur von dem höhern Meister aufgelöst wird.

Diese schöne Felspartie, wo die Steinblöcke in wilden Formen über dem Haupt des Wanderers hängen, hätte diese scharfen, malerischen Formen nicht bekommen, wäre nicht das oberste Stück herabgestürzt; aber es kostete einem Menschen das Leben – das Leben? Darf denn nicht der große Rechenmeister eine falsche Zahl in seinem Rechenwerk ausradieren, die einen Fehler im Ganzen ausmachen könnte?

Wir gingen auf dem hohen Bergrücken entlang und blickten ins Tal hinab, das wie ein mächtiges Bild von meinem eigenen Herzen dalag, still und dunkel mit dem brausenden Fluß, während oben die Sonne so warm und schön die wallenden Kornfelder und den Weg beschien, auf dem Kinder spielten und sich tummelten.

Bei Mühlsdorf stiegen wir ins Tal hinab, überschritten die Wesenitz auf einer Brücke und befanden uns in dem Flecken Lohmen. Dieser ist früher eine kleine Stadt gewesen und hat noch einige städtische Rechte; das Schloß erhebt sich auf einem hervorragenden Felsen, hoch über dem Fluß; beide Hauptgebäude desselben sind durch einen Balkon verbunden, der auf einer Felsspitze angelegt ist, von der man eine herrliche Aussicht auf die romantische Umgebung genießt. Auf einer hier angebrachten Tafel las man eine gereimte

Inschrift, die einem erzählt, daß vor ungefähr 50 Jahren ein junger Landmann, der sich auf dem Balkon schlafen gelegt hatte, von hier hinabstürzte, aber, obgleich er von einer Höhe von 76 Fuß fiel, dennoch mit Gottes Hülfe glücklich davonkam.

Nicht weit davon liegt die Kirche; man sagt, daß es eine der schönsten Dorfkirchen in ganz Sachsen sei. Sie kam uns ganz besonders freundlich vor; ein frisches Grab war soeben aufgeworfen und mit weißem Sand bestreut; aber der Wind hatte die Blumen vom Grabe fortgeweht; ich sammelte sie wieder zu einem Kranz zusammen und legte diesen darauf. Ein kleiner Vogel in einem nahen Baum zwitscherte, als wolle er mir Dank sagen; er hatte gewiß den kleinen Schläfer gesehen und gekannt, der hier sein müdes Haupt in der kühlen Erde zur Ruhe gelegt hatte.

Von der Ruhestätte der Toten gingen wir nach der der Lebenden. In der Nähe eines Parks, in dem eine Schar schnatternder Enten schwamm, lag ein Wirtshaus. Wir traten in die Gaststube – ja, hier war etwas für einen Maler! Ein paar Bauern saßen in einer Gruppe zusammen und spielten Karten; oh, sie hatten ganz charakteristische Gesichter! Gerade kam das Mädchen mit einer Kerze die hohe Treppe, die vom Nebenzimmer hereinführte, hinunter; der Lichtschein fiel auf das jugendlich frische Gesicht, das die Fremden verstohlen anblickte. Zwei Frauen spielten Harfe und sangen; sie griffen wie ein Sturmwind in die Saiten und sangen mit etwas kreischender Stimme: »Herz, mein Herz, warum so traurig?« so daß uns ganz »traurig« dabei zu Mute ward. Bald dampfte das Abendessen vor uns, einige wegen ihres Alters ehrwürdige gebratene Enten; der Wirt stand mit verschränkten Armen in einer schönen, ernsten Haltung da und sah auf uns und die Enten, mit einer Miene, als

Schloß Lohmen

wolle ihm nichts von beiden recht schmecken. Dann begaben wir uns zur Ruhe – aber laßt uns die Nacht hier überspringen! Sie reichte mir in der Wirklichkeit. Natur und Kunst hatten mir hier einen Geniestreich gespielt; die erste hatte mich zu lang geschaffen, die letztere hingegen das Bett zu kurz. Aus Verzweiflung spielte ich Nachtwandler und ging hinunter in die große Gaststube, dort allerdings sah es allzu romantisch aus! Rund umher auf Strohlagern schlummerten Leute mit dichten, schwarzen Bärten; ein häßlicher, schwarzer Bullenbeißer, der wie ein abgenutzter Reisekoffer aussah, stürzte mir mit einem heulenden Kriegsgeschrei entgegen, so daß ich ihm als ein kluger General den Rücken zuwandte. Draußen regnete es in Strömen und plätscherte, als wollte es sagen: »Sieh, so ging es bei der Sündflut zu!« Der Tag begann zu grauen, aber nicht die Hoffnung, wieder in die Berge zu kommen. Es war das erste schlechte Wetter, das ich auf meiner Reise hatte, daher fand ich es sogar recht interessant; »es wird wohl später am Tag besser werden«, dachte ich, und kaum war eine Stunde vergangen, da regnete es schon weniger; wir faßten Mut, und mit einem kleinen zehnjährigen Bauernjungen als Führer begaben wir uns nun auf die Reise, um durch den Ottowalder Grund die Bastei zu besteigen. Der kleine Junge lief mit bloßen Füßen, lachte und schwatzte in einem fort, und es kam mir beinahe vor, als habe er einen Schelm im Nacken, als wäre es der leibhafte Amor, der unser Führer geworden; »wenn er nur nicht zum Verführer wird!« dachte ich, und es gingen mir manche von seinen schlimmen Streichen durch den Kopf.

»Der kleine Rotzbube, der mit Pfeilen herumläuft«, nennt ihn unser genialer Wessel, und ärgerlich ist es in der Tat, daß so ein Bübchen das Recht haben soll, große, erwachsene Leute

Der Ottowalder Grund

aufzuspießen. Man sagt freilich, daß die, die einander bekommen, sich sogleich gegenseitig die Pfeile wieder herausziehen helfen, wo dann alle Liebe vorbei ist; aber die andern behalten den Pfeil im Herzen, und da wird er oft tödlich.

Inzwischen hatte es wieder zu regnen begonnen, aber nur ein wenig; wir stiegen stufenweise immer tiefer in ein Tal hinab; es war der Ottowalder Grund. In der wunderbarsten Gestalt erhoben sich hier die Felswände an beiden Seiten, herrlich bewachsen mit Kräutern und buntem Moos; Sträucher und Bäume standen in malerischen Gruppen zwischen den Klüften, tief unten stürzte ein kleiner Bach hin, und oben über uns sahen wir nur ein einziges Mal ein kleines Stück von dem graubewölkten Himmel. Bald traten die Felswände so nahe aneinander, daß wir nur noch einer hinter dem andern gehen konnten; drei ungeheure Felsblöcke waren von oben herabgestürzt und bildeten ein natürliches Gewölbe, unter dem wir durchgehen mußten, hier war es völlig dunkel! Ich sah unsere kleine Ausgabe von einem Führer, der mit einem Haselstock in der Hand lustig voran hüpfte, ein wenig mißtrauisch an.

Das Tal ward nun mit einem Mal breiter, dann wieder schmäler; der Kleine zeigte uns ›Das steinerne Haus‹, ein Haufen Steinblöcke, die aussehen wie Dächer und über einigen Höhlen liegen, in denen die Bewohner der Umgebung in Kriegszeiten ihr Eigentum versteckt hatten. Wir betraten die ›Teufelsküche‹, eine wilde Felskluft, wo die übereinandergestürzten Felsmassen eine lange, essenförmige Öffnung gebildet hatten. Ich blickte durch dieselbe nach oben, einige Wolken zogen gerade darüber weg, und es war, als ob ein gespenstiges Wesen sich davonmachte, hinaus in die freie Luft.

Bald wichen die Felsen zurück und ein weites Tal breitete sich aus. Die weißblauen Nebel hingen in leichten Wolken über den

Berggipfeln, der Himmel und die Erde schienen zu einem großen Felsmassiv zusammenschmelzen zu wollen. Es ging immer vorwärts, und immer änderte sich das große Panorama der Natur um uns herum. Der kleine Amor wußte recht gut Bescheid, er würde uns nicht in die Irre führen; man urteilt auch allzu streng über den Genius der Liebe.

Amor als Führer

Nicht so schlimm bin ich, wie's aussieht,
Jeder kennt ja dieses Lied!
Führe ich doch alle Kleinen
Hin zum Elternpaar, dem reinen.
Mit dem Vater Hoppe-Reiter,
Durch die ganze Welt und weiter,
Jede Mutter nur ihr's sieht –
Wessen Schuld ist's, was geschieht?

Meine, denn ihr Führer bin ich
– und ihr Leben interessiert mich.
Wenn sie erst erwachsen sind,
Dann spiel ich mein Spiel als Kind:
Damit sie flatterhaft und guter Dinge,
Send ich ihnen Schmetterlinge.
Dem Adam die Eva bring' ich bei,
Und bau' ein Paradies für zwei.

Laß sie flattern, laß sie walten,
Hochzeit wird am End' gehalten!
Und wenn's gute Leute sind,

Unterhalb vom ›Wirtshaus auf der Bastei‹

bring' ich auch ein gutes Kind.
Eins zum andern nach der Reih',
Manchmal sind's auch zwei bis drei,
Engel sind's – doch ihre Schwingen,
Kann man nicht sehen, nur besingen.

Wenn sie dann recht müde sind,
Die Erwachs'nen wie die Kind',
Eile ich, dafür zu sorgen,
Daß sie schlafen bis zum Morgen.
Seine Kammer findet jeder so,
Wirklich jeder – frag nicht wo;
Einen Kranz bind' ich für jeden,
und dann schlafe ich bei ihnen.

Der Weg führte ständig zwischen dichten Tannen nach oben, der weiße Wolkennebel hing tief über unseren Köpfen: Ein großes, hübsches Gebäude lag vor uns, es war das ›Wirtshaus auf der Bastei‹. Hier ist es hoch, sehr hoch! Du mußt ein paar Kirchtürme aufeinander setzen und dann nicht schwindlig dabei werden, wenn du auf der obersten Spitze stehst. Ein Gitter ist angebracht, damit du nicht fällst! – Das lange weißgelbe Band dort unten, das vor deinen Augen nicht breiter aussieht, als das Trottoir auf der Straße, ist die Elbe; das gelbbraune Pappelblatt, das du schwimmen zu sehen glaubst, ist ein langer Flußkahn; du kannst auch, aber nur wie kleine Punkte, die Menschen darauf erkennen! – Versuche es, einen Stein in die Elbe hinabzuwerfen, du mußt deine ganze Kraft anwenden, er erreicht sie doch nicht, sondern fällt diesseits ins Gras. Die Dörfer liegen dort unten, wie Spielzeug auf einem Jahrmarktstisch. Dort erhebt sich der Königstein und der Lilienstein hoch in den Wolkennebel hinein; aber sieh, dieser zerteilt sich! Sonnenstrahlen fallen auf den Pfaffenstein und die Kuppelberge! Der ganze Wolkenvorhang hebt sich und in der blauen Ferne siehst du die böhmischen Rosenberge und den Geisingberg im Erzgebirge. Dicht neben uns, links, erheben sich nun wilde Felsstücke aus dem Abgrund, und aus der Tiefe steigt ein gemauerter Pfeiler empor, auf dem eine Brücke ruht, welche die Bastei mit dem Felsenschloß verbindet. In der Felsschlucht unter uns ist es ganz dunkel; der Führer zeigte uns in den Felsen Spuren davon, daß hier früher Menschen gelebt haben; wir sahen Klüfte eingehauen, wo sie lebten und sich umhertummelten. Es sieht aus, als ob die große Felsmasse gesprengt sei, als ob eine mächtige Naturkraft hier versucht habe, unsern stolzen Erdball zu spalten.

Der Weg schlängelte sich an dem tiefen Abgrund entlang, Felswände und Klüfte wechselten miteinander, erst waren wir in einem dunklen Wald, dann auf einem offenen Fahrweg. Es war eine Abwechslung, bei deren Beschreibung die Lippen müde werden. Von einem Fels stürzte sich ein kleiner Bach herunter; er kam von so weit oben, daß man zwischen die Felswände und den brausenden Strom treten konnte; dahinter lag eine tiefe Höhle, von der aus man nur die Wassermassen sah, die sich draußen hinabstürzten.

Die ganze Natur war mir eine große lyrische, dramatische Dichtung in jedem möglichen Versmaß. Der Bach zankte in den vortrefflichsten Jamben über die vielen Steine, die ihm im Wege lagen, die Felsen standen so breit und stolz da, wie respektable Hexameter. Die Schmetterlinge flüsterten den Blumen Sonette zu, indem sie ihre duftenden Blätter küßten, und alle Singvögel zwitscherten, jeder wie ihm der Schnabel gewachsen, in sapphischen und alcäischen Versen. Ich hingegen – schwieg und will auch hier schweigen.

Wir kamen zum ›Brandt‹, einer Felspartie mit einer herrlichen Aussicht auf den Königstein und Pirna. Ein kleiner Fluß schlängelte sich durch das tiefe Tal, er sah aus wie eine weiße Schnur auf der grünen Fläche. Eine Hütte aus Baumrinde lud uns zur Rast ein, unterdessen sammelte ein runzliges Mütterchen – ob es eine Waldfee war, vermag ich nicht zu sagen – einige Reisigzweige, machte Feuer, und verhalf uns so zu Teewasser. Als Dank machte ich sie zu einer Räuberhexe, und sie uns zu ihren wilden Söhnen.

Nun führte der Weg nach Hohnstein und Schandau, aber erst wollten wir einen kleinen Abstecher machen, um die barocke Natur bei der ›Teufelsbrücke‹ zu sehn. Der Teufel hat wirklich Geschmack. Jede Stelle, die seinen Namen trägt oder auf ihn hindeutet, hat etwas außerordentlich Pikantes. Es sind die allerromantischsten Gegenden, die man mit seinen Interessen in

Blick über die Sächsische Schweiz mit Königstein,

Pfaffenstein, Lilienstein und Rosenberg

Verbindung gesetzt hat. Wie gesagt, er hat Geschmack, und das ist eine gute Eigenschaft. Dem Wagen, der schräg steht, geben alle einen Schubs, sagt ein altes Sprichwort; alle reden schlecht über den Teufel, doch niemand denkt daran, daß er nur seine Pflicht tut. Es ist nun einmal sein Amt, die Menschenkinder zu verführen. Er ist der Prüfstein in dieser Welt, durch ihn sollen wir zum Besseren geläutert werden; er ist der Kampf und die Flamme, dieses »aspera« auf dem Weg »ad astra«, er hat also eine wichtige, verdienstvolle Rolle im großen Drama des Lebens.

Die Teufelsbrücke ist gleichsam hingeworfen über eine Schlucht zwischen zwei senkrechten Felsen; ein Berg ist hier gespalten von seiner obersten Spitze bis an den grünen Fuß; aber die ganze Öffnung ist nur ungefähr 4 bis 5 Ellen breit. Einige Schritte davon ist noch eine ähnliche tiefe Spalte; aber diese geht in wunderlichem Zickzack und bildet gleichsam eine Art Gang. Durch den Dichter Kind hat diese Stelle ein eigenes Interesse bekommen, indem er die Beschwörungsszene im *Freischütz* hierher verlegt hat. Diese tiefe Spalte ist die vom Theater her bekannte ›Wolfsschlucht‹, sieht aber nichts in der Welt weniger ähnlich, als der Dekoration, durch die man sie gewöhnlich darstellt; es würde übrigens auch sehr schwierig sein, das Ganze darzustellen, wie es sich in der Wirklichkeit zeigt. Von des Felsens höchster Spitze steigt man durch diese Spalte ins Tal hinunter; die Felsstücke sind einander so nahe, daß man nur einer hinter dem andern gehen kann; bald klettert man an einer Leiter hinab, bald indem man Stufen in den Felsen eingehauen, und ganz unten befindet man sich zuletzt in einer engen Höhle, in der nicht mehr als drei bis vier Menschen Platz haben.

»Hilf Samiel!« riefen wir, als wir noch kaum die Hälfte hinabgestiegen waren; denn hier schien es bodenlos zu sein. Jedes

Der ›Tiefe Grund‹ zwischen Hohnstein und Schandau

Mal, wenn wir um ein Felsstück herumkamen, von dem wir glaubten, daß es den Ausgang verberge, lag noch immer ein tiefer Abgrund unter uns.

Endlich traten wir ins Freie – doch so können wir die Wolfsschlucht nicht verlassen.

Zauberkugeln will ich gießen;
Samiel! Hilf mir, Blei soll fließen!
Zaubern bei des Sturmes Macht,
Sechs sind mein, auf die siebt' gib acht.
– Der erste Schuß, so geht's damit,
Soll treffen jeden Jesuit.
Und haben wir dieses dann gesehen,
sei's mit dem zweiten um schlechte Poeten gescheh'n;
Obwohl, bedenke ich deren Tun,
So sollen sie in Frieden ruh'n.
Nein, den Vogel des Glücks, den soll es treffen,
Den Papagei will ich nicht retten.
Die dritte Kugel will ich verschießen,
Ach, wenn sich Sorgen und Not so treffen ließen.
Die vierte? Sie soll fliegen mit aller Wucht,
Ins Herz der Lüge und Redesucht.
Aber die fünfte? Wen bringt sie in Not?
Nein, ihm wünsche ich nicht den Tod,
Nur ein wenig die Flügel zu stutzen ich eil',
Dir Amor, als Dank für den letzten Pfeil.
Die sechste? Nun heißt es aber schnell entscheiden,
Ja! Mit ihr kann ich unser'n Bund zerschneiden.

Bald waren wir bei Hohnstein, einem kleinen Bergdorf mit einem Schloß. In seinen schummrigen Gewölben war einst ein

Gefängnis; ich fand hier eine frisch duftende Rose, die sicher irgend jemand erst kürzlich verloren hatte, sie machte auf mich hier einen weit tieferen Eindruck als wenn sie im blanken Sonnenschein an ihrem grünen Zweig über dem luftklaren Bach geschaukelt hätte.

Unser nächster Besuch galt Schandau, einer freundlichen kleinen Stadt nahe der Elbe, umgeben von hohen Bergen und Sandsteinfelsen, die mit Nadelbäumen bewachsen sind! Hier gibt es einen Gesundbrunnen und ein Badehaus. Wir sahen beides nicht; hingegen waren wir in der Kirche, wo man auf die Wände, oben am Altar, die Jahre markiert hat, in denen die Elbe bis hier herauf gestiegen war. Einige Male war das Wasser sogar über den Altar gekommen, bis hoch zur Kanzel. Im Wirtshaus sah ich das Plakat für eine Komödie; an diesem Abend gab es ein Schauspiel in der kleinen Stadt, gespielt wurde Kotzebues

Der ›Kuhstall‹

Die Hussiten, und man bat das verehrte Publikum, Kinder als Statisten dafür zu liefern. Daran wird es wohl keinen Mangel gehabt haben, ebenso wenig wie an Zuschauern, denn wer wollte nicht seinen kleinen Sohn oder seine Tochter Komödie spielen sehen. Gewiß fand man es auch ziemlich geschmacklos von uns, daß wir lieber einige tote Berge und Wälder sehen wollten als das herrlichste Stück, das bisher in Schandau aufgeführt worden war.

Wir standen wieder in Gottes freier Natur. Ein breiter Fahrweg, der zwischen grünen Waldungen sich an einem kleinen Fluß hinschlängelte, führte uns in die wilde Felsgegend hinein. Die Damen wurden nun in Tragstühlen den Felspfad hinangetragen, wir andern trugen uns selbst, und so langten wir ungefähr um dieselbe Zeit am Ziel unserer heutigen Wanderung an. Eine hohe, gewölbte Felsöffnung lag vor uns. Es war der ›Kuhstall‹. Er sieht im ersten Augenblick aus, als sei er von Menschenhänden aufgeführt; aber wenn man die stolze Masse näher betrachtet, da fühlt man, daß nur die Natur einen solchen Riesenbau ausführen kann. Im Dreißigjährigen Kriege sollen die Bewohner der Umgegend hier einen Zufluchtsort gefunden haben; hier versteckten sie namentlich einen großen Teil ihres Viehes, woher auch der Name gekommen sein mag. Es fing an zu regnen, aber wir saßen trocken unter dem Portal, während sich ein prächtiger Regenbogen über den Waldungen und zwischen den umherstehenden Felsen ausspannte. Niemals habe ich so starke Farben, nie einen so schönen Regenbogen gesehen; er zeigte sich nicht bloß in der Luft, er ging auch an der Felswand herunter und rundete sich tief unter uns auf den Gipfeln des schwarzen Fichtenwaldes ab; er bildete einen vollkommenen Zirkel. Ein alter Mann in einem grauen, abgenutzten Rock saß auf einem Felsblock am Eingange der Halle und spielte uns etwas vor; mehrere Saiten auf seiner Harfe waren gesprungen, eine Dissonanz folgte der andern; sah man aber den alten Mann an, dessen Leben gewiß auch diesem Harfenspiel glich, da kam wieder Harmonie in das Ganze. Die Dissonanzen lösten sich in meinem Herzen in Wehmut auf.

Ein schmaler Weg, der wie durch den Felsen gehöhlt war, führte uns hinaus zu einer dritten Seite dieses Felsportals; nackte Steinwände erhoben sich zu beiden Seiten, wir mußten auf Leitern und Treppen hinanklettern, um auf die oberste Spitze des Felsens zu gelangen. Die erste Höhle ward das ›Wochenbett‹ genannt, weil zur Zeit des Krieges unglückliche Mütter hier ihre Kinder zur Welt brachten. Die Leiter zog sich dicht an dem tiefen Abgrund hin; wir kamen über eine kleine Brücke nach einer andern Felspartie; hier war an einem Felsen eine Schere

Die Arnstein-Höhle

gemalt. Die Stelle hieß das ›Schneiderloch‹ und soll einer Räuberbande zum Aufenthalt gedient haben, deren Anführer das Schneiderhandwerk gelernt hatte, später aber Neigung bekam, Menschen statt alter Kleider aufzutrennen. Um hinein und wieder heraus zu gelangen, mußte man auf Händen und Füßen kriechen, und es hatte wirklich etwas Unheimliches, hier in der Abenddämmerung den einen nach dem andern aus der tiefen Höhle herausschleichen zu sehn, hoch oben zwischen zwei gähnenden Abgründen. Übrigens war hier ein vortreffliches Echo, das die Worte sechs bis sieben Mal wiederholte. Nahe dabei liegt das ›Pfaffenloch‹, eine Öffnung in einem Felsen, durch die während der religiösen Verfolgungen ein Priester hinabgestürzt ward. Ich blickte in die Tiefe hinab, es war vollkommen dunkel darin, während der Himmel oben noch von der untergehenden Sonne gerötet war. Bevor wir wieder hinunterkamen, mußten wir auf Händen und Füßen durch die ›Krumme Karoline‹ kriechen, eine Höhle mit vielen Krümmungen, die wieder auf den Fußweg zurückführte. Nirgends habe ich übrigens eine solche Menge von Namen gesehen, wie hier im Kuhstall, nicht einmal im Adreßbuch gibt's so viele! Die ganze Felswand, auswendig, wie inwendig, war über und über eine bunte Malerei von Namen; einige waren sogar eingemeißelt und dann noch hinterher ausgebrannt oder mit Teer bestrichen. Diese Unsterblichkeit hat doch etwas Mühe gekostet!

Im übrigen will ich als Kuriosum zwei Verse festhalten, die ich in einem der Bücher fand, in die die Reisenden hier ihre Namen schreiben. Einer schrieb, als er heraufgekommen war:

»Es ist geschehn! Es ist geschehn!
Ich habe den göttlichen Kuhstall gesehn!«

Ein anderer, der diesen Vers gelesen hatte, schrieb darunter:

»Ich habe gelesen! Ich habe gelesen!
Es ist ein Ochs im Kuhstall gewesen!«

Eine Wanderung in Böhmen hinein. Rückreise über Pirna. Der Sonnenstein. Die letzten Tage in Dresden.

Sowie der Tag graute, waren wir schon alle auf den Beinen; das Nachtlager war nicht das beste gewesen, im übrigen aber tadellos. Das »Hôtel de Kuhstall«, wenn man es so nennen will, besteht im wesentlichen aus rohen Bohlen; uns wurde mitten auf dem Boden ein Familienbett gerichtet, ein großer Fels ragte wie ein Schornstein ins Zimmer, wo wir in unseren Kleidern Seit an Seit schliefen, während die Damen oben auf dem Dachboden in ein ähnliches Bett gesteckt worden waren. Die Vögel zwitscherten lustig; aber sie hatten wahrscheinlich auch besser geschlafen, als wir, zumindest lagen sie in dem Bett, das sie gewohnt waren. Der ganzen Natur hingen Nebelwolken wie Schlaf in den Augen, so daß sie eben auch nicht sehr vergnügt aussah. Endlich brach aber doch die Sonne durch, nur war ich den ewigen Tannenwald leid, der selbst in der besten Beleuchtung auf mich kalt und steif wirkte. Der Weg ging über Basaltstücke in einem beständigen Zickzack aufwärts. So gelangten wir auf den kleinen Winterberg. Hier soll Kurfürst August von Sachsen im Jahre 1558 einen mächtigen Hirsch bis an den äußersten Rand des Felsens verfolgt haben; der Kurfürst stand auf dem schmalen Pfade unter dem Felsen, der Hirsch hingegen, von den Hunden verfolgt, stand oben und war im Begriff auf ihn herunterzuspringen, so daß er rettungslos in den Abgrund hinabgestürzt wäre; es gab nur ein Mittel der Rettung, das Tier zu erlegen; er legte an und traf es glücklich. Der Sohn ließ später an dieser Stelle ein Jagdhaus erbauen, das noch steht und an dessen Giebel das Geweih dieses Hirsches prangt.

Blick vom Lilienstein über die Sächsische Schweiz

Nach einer etwas ermüdenden Wanderung hörte endlich das Nadelholz auf und wir standen unter herrlichen, grünen Buchen, rund umher sprudelten Quellen aus dem fruchtbaren Erdreich hervor, noch einige Schritte weiter und wir befanden uns 1780 Pariser Fuß über der Meeresfläche. Welche Unendlichkeit lag da um uns her! Tief unten in dem wildbewachsenen Abgrund schlängelte sich die Elbe, wie ein schmales Band, das sich bei Dresden verlor, dessen Türme und Kuppeln sich an dem Hintergrunde der blauen Meißner Berge erhoben. Die schönste Aussicht war jedoch nach Böhmen zu. Nie habe ich mir den dunkelblauen Schein der Gebirge so deutlich vorstellen können! Wie ein versteinertes Meer lagen die Berge vor mir und weit an dem fernen Horizont erhob sich das Riesengebirge, mit seinen schneebedeckten Gipfeln, wie ein luftiges Wolkenland, wo man bis zum Kolmberg sehen konnte, obwohl er vier oder fünf Meilen entfernt ist. An den Bergwänden zogen schwere Wolken hin; hier lag eine Partie ganz im Schatten, während sich wiederum eine andere im klarsten Sonnenlicht erhob. Auch in meinem Herzen schien die Sonne, während schwere Wolken über diese innere Welt hinfuhren. Es liegt etwas mächtig Ergreifendes darin, auf solche Weise über ein großes Land hinzuschauen; wie manches Herz schlägt nicht in Sehnsucht und Freude dort unten im Tal! Wie manche Träne fällt nicht brennend heiß hoch über den Wolken auf die stolzen Berge! Könnte man in dem Herzen des fremden Mannes lesen, der dort im Gebüsch sitzt; welche Idylle oder welches Epos würde man da vielleicht finden! Er sieht hinab in die freundliche Landschaft unter den wilden Felsmassen und auf die segelnden Wolken, die dieses Paradies des Friedens bald verhüllen, bald sich wieder öffnen und es zeigen.

Hoch auf dem Berg', wo die Wolken ziehn,
Wo die Fichten stehn, so dunkelgrün,
Wo die Quelle hüpft über Fels und Stein,
Sitz' ich allein!
Einem Eiland gleichet der Felsen bald.
Die Wolken nehmen des Meers Gestalt,
Und wenn die Wolkenmasse bricht,
Seh' ich dort unten, im Sonnenlicht
Hell beschienen, das grüne Tal –
Da war ich einmal!
Wo die Vögel im Walde singen so schön,
Wo der Menschen braune Hütten stehn,
Wo des Rauches blau durchsicht'ger Flor
Steigt an der Felswand wirbelnd empor.
Eine Heimat fand ich an diesem Ort

Und eine Herzgeliebte dort;
Es entbrannte das Herz und die Seele mein
Für sie nur allein!
Sie liebte mich – und sie war treu,
Treu – und deshalb schieden wir zwei.
Sie war Braut – dort steht ihre Hütte,
Dort in des Eichwalds schattiger Mitte,
Und an der Bergwand grünendem Fuß
Sie die Gedanken verbergen muß.
Sie darf im Herzen nicht bei mir sein,
Ich aber träume nur sie allein!
Sünde auf Sünde häuf' ich im Schmerz,
Sie nur erfüllet mein ganzes Herz.
– O du wogendes Wolkenmeer,
Zieh übers Grab meiner Liebe her!

Zuweilen kann eine einfache Melodie, die wir nur ein einziges Mal hören, einen so mächtigen Eindruck auf unsere Seele machen, daß wir sie mitten im Gewühle der Welt wieder zu hören glauben, ohne daß wir sie deshalb laut zu singen im Stande sind; in uns lebend braust sie durch unser Inneres. So ergeht es mir auch mit den herrlichen Naturszenen; diesem Tonstück, welches in Farben mit Licht und Schatten hervortrat, das ich auf der Wanderung von wenigen Stunden in den böhmischen Bergen kennenlernte. Vieles trug vielleicht der Umstand dazu bei, daß dies die südlichste Partie war, die ich zu sehen bekommen sollte, daß ich, nachdem ich hier gewesen, beständig mich wieder nordwärts, nach der Heimat zu wandte. In der herrlichsten Sonnenbeleuchtung liegt die schöne Landschaft in meiner Erinnerung, ich sehe ganz deutlich einen jeden einzelnen Punkt, und wie die verklungenen Melodien tönt es oft durch meine Seele,

Das ›Prebischtor‹

ohne daß ich es jedoch so recht in Tönen und Liedern aussprechen kann. Ich sehe den großen, offenen Fleck im Walde mit den ungeheuren Fichten, wo man uns sagte, daß wir nun die Grenze überschritten; ich sehe das sonnenverbrannte böhmische Mädchen mit dem weißen Tuch um den Kopf und den bloßen Füßen, die uns in dem finstern Fichtenwald begegnete, und dann die wilde Felsenpartie, das ›Prebischtor‹, wo wir unter dem kühnen, steinernen Bogen standen, den der mächtige Naturgeist keck über unsern Häuptern gewölbt hatte. Ich sehe die unübersehbaren schwarzen Waldungen tief unter uns und die fernen Berge mit ihrem Schnee, den kräftige Sonnenstrahlen beleuchteten. »Nur ins Tal hinunter, und dann nicht weiter!« dachte ich, »und doch öffnet sich dir hinter jenen Bergen ein noch schöneres Tal, wo man die Grenzen Tirols sieht, wo man

Prebischkegel mit Schneekoppe

schon Italiens Luft auf den Bergen dort einatmet! Nur hinunter ins Tal, und dann heimwärts – heimwärts nach Norden zu, um vielleicht niemals hierher zurückzukehren, – niemals die Berge wiederzusehen mit ihren schwarzen Waldungen hoch oben in den weißblauen Wolken!« Schon war ich dabei, die Heimat in ihrem größten Schatten zu betrachten, recht lebendig sah ich an einem regnerischen Herbsttag kleine und große Menschen geschäftig die Østergade auf und ab laufen. Anstelle Vogelgesangs hörte ich nichtssagendes Geschwätz, die reizenden Kritiker, die Bitterkeit und die vornehmen Töne, mit denen sie mich alle erziehen wollen. Der Dichter ist ein kleiner Vogel, der seine eigenen Lieder zwitschern muß; er ist kein Königsadler, den die Menge fürchtet, oder eine Schwalbe, der sie blind vertrauen und die sie nicht zu verletzen wagen. Aber er muß es auch aushalten, daß jeder Bengel, dem so etwas einfällt, einen Stein nach ihm werfen darf. Wäre ich hier allein gewesen zwischen den Felsen, da hätte ich weinen können, und das würde dann gewiß in meinem Innern Bilder aus der Heimat hervorgerufen haben, die mich aufs neue mit der Welt versöhnt hätten. Wir liefen den steilen Bergabhang hinab, an dem sich der Pfad in mannigfachen Krümmungen schlängelt; durch die ›Heiligen Hallen‹, eine romantische Felsenpartie unterhalb des Berges, kamen wir auf die große Landstraße im Walde; böhmische Bauern fuhren an uns vorüber, große, starkgebaute Pferde zogen die Wagen, der Wald hallte von Axtschlägen wider, wir kamen an mehreren Holzhauern vorbei, die unter frohem Gesange Bäume fällten. Die Böhmen haben einen angebornen Hang zur Musik, fast jeder Bauer spielt die Geige oder bläst die Flöte. Schon dies macht mir das böhmische Volk lieb, denn wer die Musik liebt, muß auch ein offenes, gutes Herz haben. Die Töne sind doch der Irisbogen, der den Himmel mit dem Irdischen verbindet. Farben, Töne und Gedanken sind doch im Grunde die Dreieinigkeit des Universums. Das Irdische spricht sich in der Potenz der verschiedenen Farben aus, und diese offenbaren sich wieder geistig in den mächtigen Tönen, die ihrerseits den Schlüssel zu des Herzens innersten Tiefen besitzen! Nur die Töne sind im Stande, die Gedankenrätsel zu lösen, die oft in unserer Seele geweckt werden.

Wir kamen an einem kleinen freundlichen Hause vorbei mit rot gemaltem Holzwerk und mit Weinranken an den Mauern; da saß ein kleiner sonnenverbrannter Knabe mit silberweißem Haar und übte sich auf einer alten Geige; vielleicht wird der Kleine einmal ein großer Virtuose, setzt die Welt durch sein Spiel in Staunen, wird bewundert und geehrt, während ihm ein geheimer Wurm alle grünen Blätter von des Lebens Baum ab-

Herrnskretschen

nagt. Der Wald verlor sich inzwischen immer mehr und mehr, der Weg zog sich zwischen wilden Felswänden durch, ein kleiner Fluß trug dazu bei, dem Ganzen Abwechselung zu verleihen, eine Wassermühle lag neben der andern, wo große Bäume und Steine durchgesägt wurden; an mehreren Stellen fanden wir zum Übergange über den Fluß nur ein schmales Brett ohne Geländer. Endlich kamen wir in das kleine böhmische Grenzdorf Herrnskretschen.

Alles um mich herum hatte einen ganz neuen Charakter! Das Ganze trug ein fremdartiges, eigentümliches Gepräge. Noch ganz lebhaft sehe ich unter den gelbgrauen Felsen mit dem grünen Gestrüpp, die netten, rotbemalten Häuser mit ihren hölzernen Balkonen, hohen Treppen und Staketen vor mir, ein Christus- oder Muttergottesbild über der Tür, das, wie schlecht es auch gemalt sein mochte, doch für mich dem Ganzen einen interessanten Anstrich gab. Ich sehe noch die vielen Weiber, die muntern Mädchen und Burschen, die mit bloßen Füßen an dem Ufer des Flusses standen und die großen Stücke Holz, die auf dem Wasser dahertrieben, ans Land zogen. Ich sehe das alte braungelbe Böhmerweib an dem offenen Fenster, das uns in Josephs und Marias Namen grüßte. Ich sehe das wunderlich bunte Bild mit den frischen Blumenkränzen auf dem Marktplatz, wo ein alter Bauer knieend sein Gebet hersagte und ein hübsches junges Mädchen im Vorbeigehen das Zeichen des Kreuzes machte.

Es war das Bild des heiligen Nepomuk, Böhmens Schutzpatrons, das ich hier sah. Übrigens war mir ganz eigen zu Mute, wenn ich daran dachte, daß ich mich jetzt in einem Lande befand, wo ich für einen Ketzer galt. Die katholische Kirche in Dresden mit ihren Zeremonien und ihrer Kirchenmusik versetzte mich nicht so nahe an den päpstlichen Stuhl, als dieses Heiligenbild unter freiem Himmel und der katholische Gruß des alten Weibes.

Wir gingen längs der Elbe, wo wir auf österreichische Grenzsoldaten stießen; sie sangen eine Melodie aus der *Stummen von Portici*, und die bekannten Töne bewirkten, daß ich mich der Heimat näher träumte, als ich es in der Wirklichkeit war. Drei böhmische Ruderer erwarteten uns in einer Gondel, die uns wieder nach Sachsen zurückführen sollte. Der Wind schwellte die Segel; Berge mit Waldungen erhoben sich an beiden Seiten; wir kamen an mehreren größeren Schiffen vorbei mit Balken und Planken tief aus dem Böhmerlande; wir sahen dicht am Elbufer einen großen Sandsteinbruch, der besonders für Dänen interessant ist, da die Steine zum Bau des Christiansburger Schlosses hier gebrochen sein sollen. Nicht weit von hier erhob sich über dem Wege, der längs der Elbe lag, ein Felsen, der in

Bad Schandau mit Lilienstein

Der Königstein

der Entfernung eine überraschende Ähnlichkeit mit Ludwigs XVI. Büste hatte und auch danach benannt ward; es fand sich da der ganze Ausdruck des Gesichts, und die große Allongeperücke hing rund um den riesenmäßigen Kopf; kam man nahe unter den Felsen, da ward die Ähnlichkeit allerdings undeutlich und man sah nur die wilden Felsstücke übereinander, mit grünem Gebüsch in den tiefen Klüften.

Bei Schandau stiegen wir ans Land, um denselben Abend noch in Dresden zu sein; aber wir hatten noch eine Felsenpartie zu besuchen, den bekannten Lilienstein. Senkrecht erhoben sich die stolzen Felsblöcke, wir standen schon an ihrem Fuße unter der großen Linde, die auch Friedrich II. ihren Schatten darbot. Eine Menge Fußsteige kreuzen sich; bald sanken wir in den tiefen Sand hinein, bald mußten wir beinahe senkrecht auf Stufen hinansteigen, die in den Felsen hineingehauen waren. Über einer jähen Schlucht lag eine kleine hölzerne Brücke, die Treppe ward immer krummer, und endlich standen wir auf der obersten Spitze, wo eine große Fläche, beinahe von dem ganzen Umfange des Felsens, mit Fichten und Föhren bewachsen ist. Auf einem Felsvorsprung stand eine Säule zur Erinnerung an das Jahr 1708, als König Friedrich August, der Kurfürst von Sachsen, den Lilienstein bestieg. Welche herrliche Aussicht hat man von hier auf Schandau und die böhmischen Berge! Tief unten zwischen den von der Sonne beschienenen grünen Wiesen floß der Elbstrom und am jenseitigen Ufer ward das Städtchen Königstein sichtbar unter dem stolzen Felsen, auf dem die eigentliche Festung liegt. Die ganze Gegend unter diesen Bergen bleibt bekanntlich durch den glücklichen Feldzug Friedrich II. 1756 gegen die Sachsen in Erinnerung, die hier eingeschlossen und zur Aufgabe gezwungen wurden.

Weder der Lilienstein noch der Königstein scheinen mir im übrigen, mit Abstand, sonderlich malerisch schön für das Auge zu sein, beide sind sie mir allzu kantenlos. Wie zwei ungeheure Torten erheben sich beide, die Wälder oben sind die Sukkade, und die Gebäude mit ihren roten Dächern die Verzierungen auf dem Kuchen. Unser Führer erzählte uns, daß es tief im Lilienstein nicht mit rechten Dingen zugehe, hier liege ein unermeßlicher Schatz, den die bösen Geister bewachen. Oft sähen Schiffer, die in der mondklaren Nacht die Elbe heruntersegelten, hier oben Fackeln sich bewegen, und der einsame Wanderer, dessen Weg nächtens hier vorbeiführt, höre ein tiefes Dröhnen aus dem Berg. Das seien die Geister, die mit den ungeheuren Reichtümern sich vergnügten.

Ein kleiner Pfad längs der Elbe führte uns unter hohen Felswänden nach Pirna. Wir kamen an der Bastei vorbei; die Reisenden dort oben schienen uns schwarze, bewegliche Punkte auf der himmelhohen Felsspitze zu sein. An mehreren Steinbrüchen waren Holztafeln angebracht, auf denen eine Warnung stand, daß niemand sich länger als notwendig dort aufhalten dürfe, da sich häufig Steinblöcke lösten und herabstürzten; wir sahen mehrere Felsstücke im Tal herumliegen. Bald kamen wir zu freundlichen Bauernhäusern mit großen Küchen- und Hopfengärten, die Kirschen waren reif und hingen rot und saftig hinter grünen Blättern. Das freundliche Pirna zeigte sich mit seinen roten Dächern am anderen Flußufer, und die Sonne warf ihre letzten Strahlen auf das hohe Bergschloß Sonnenstein, das sich nahe bei der Stadt erhebt. In einer großen Fähre wurden wir über die Elbe gesetzt und traten nun in die hübsche, freundliche Stadt ein; sie soll ungefähr 5000 Einwohner haben und sah auch recht ansehnlich aus. Die gotische, große Hauptkirche erhob sich stolz mit ihren alten Glasmalereien in den spitzen

Fenstern; Spaliere mit herrlichen, vollen Moosrosen zogen sich an den Wänden vieler Häuser hoch.

Eine lange Treppe führte hoch zu dem Absatz vor Schloß Sonnenstein, von dort kann man über den großen Elbfluß bis nach Dresden sehen. Aus fast ganz Deutschland werden Wahnsinnige in die Irrenanstalt Sonnenstein geschickt, wo sie die beste Pflege bekommen und häufig auch wieder genesen.

Ein ganz eigenes Gefühl muß jeden bei einem Besuch innerhalb dieser Mauern ergreifen, die eine Welt für sich einschließen, eine Welt, die aus ihrer natürlichen Bahn herausgerissen ist, und wo daher der lebensgrüne Keim zu einem geistigen Mißgeschöpf zusammenschrumpft oder sich entwickelt. Die Phantasie, dieser beste Cherub des Lebens, der uns ein Eden in den Sand der Wüste hinzaubert, der uns in seinen starken Armen über den tiefsten Abgrund weg und über die höchsten Berge in Gottes herrlichen Himmel hebt, ist hier eine fürchterliche Chimäre, deren Medusenhaupt den Gedanken der Vernunft versteinert und einen magischen Kreis um das unglückliche Opfer zieht, das nun für die Welt verloren ist.

Siehst du das kleine viereckige Gemach mit dem hoch angebrachten, vergitterten Fenster? Auf Stroh, mitten auf dem Fußboden sitzt der nackte Mann, mit dem schwarzen Bart und mit einem Strohkranz auf dem Kopf, der seine Krone ist; eine vertrocknete Distel, die er im Stroh fand, ist sein Szepter. Er schlägt nach den Fliegen, die um ihn herumschwirren; denn er ist König, ist Despot, die Fliegen sind seine Untertanen, sie haben eine Revolution gemacht, sagt er, sie verlangen seinen Kopf, sie sind hineingedrungen in denselben, er begreift selbst nicht wie; aber er fühlt, wie sie drinnen stürmen und ihn ihm doch nicht von den Schultern reißen können.

Hier nähert sich uns ein Frauenzimmer, sie ist schön gewe-

Der Sonnenstein und Pirna

sen, aber der Schmerz hat ihre Züge entstellt. »Ich bin Tassos Leonore; Heine hat mich auch besungen! Ach ja, viele Dichter haben mich besungen, und das kann einem weiblichen Herzen recht schmeicheln! Das ist ein Triumph! Da war auch einer, aber der konnte mich nicht besingen und darum schoß er sich ins Herz – das war denn auch ebenso gut wie ein Lied! – Nun ist die ganze Welt aus Liebe zu mir verrückt geworden, und daher hat man mich auf dieses fremde Schloß gebracht; aber hier sind sie auch alle von meinem Anblick verrückt geworden, allein dafür kann ich ja nicht!«

An dem geöffneten Fenster sitzt ein blasser junger Mann; er stützt den Kopf auf seinen Arm und sieht hinaus nach dem roten Abendhimmel und nach den Schiffen, die mit ausgespannten Segeln die Elbe hinabsteuern. Es stört ihn nicht in seinen Betrachtungen, daß wir uns nähern, er hält seine ganze Existenz für einen Traum, er erinnert sich an eine bessere Zeit, die er erlebte, und betrachtet nun uns und die ganze Natur nur wie Traumbilder.

Er hat die fixe Idee, daß er die Pulsschläge eines jeden schlagenden Herzens, daß er es im Tode brechen hören kann – es bricht ihm in den wildesten Tönen, so daß er rasend wird. Man bindet ihn auf einen Stuhl, der durch Räder in ein wirbelndes Drehen versetzt wird. Mit einem wilden Schrei saust er herum, bis er das Bewußtsein verliert und man dann das Drehen einstellt.

Doch fort mit diesen schrecklichen Bildern! Der Wagen wartet schon, der uns in ein paar Stunden nach Dresden bringt.

Nahe der Stadt, an einem Sumpf, sah ich zum ersten Mal in meinem Leben ein Irrlicht; es hüpfte lustig in einer weißblauen Flamme über den Boden. Alles war gänzlich dunkel, als wir in die Stadt rollten.

Nur drei Tage hatte ich hier noch zu verweilen, und es war noch so mancherlei zu sehen, ich wollte so vieles noch einmal besuchen. Wie Wolken in einer stürmischen Nacht jagen die Bilder dieser Tage vor meiner Seele vorüber; jede Stunde brachte mir etwas Interessantes. Ich war auf der Bildergalerie, sah noch einmal die Werke der großen Meister und prägte mir die herrlichen Bilder in die Seele ein, hörte die Messe in der katholischen Kirche und bestieg noch zum Abschied die Berge im Plauenschen Grunde, einer romantischen Gegend dicht bei Dresden, die mich an Rübeland erinnerte, obgleich sie viel reicher an Abwechselung ist als diese Harzpartie. Der Weg lief zwischen den steilen Felsen durch, da war ein Bach, der einen Wasserfall bildete, und dicht daran lag eine Mühle, Köhler fuhren in den Wald und oben auf einem Felsvorsprung saß ein kleiner Junge und hütete Ziegen; es war nicht ein einziges Gemälde in der ganzen Dresdener Galerie, auf dem die Figuren besser angebracht sein konnten wie hier. Eine wohltuende Ruhe lag über der ganzen Landschaft; es war, als ob Felder, Wälder und Blumen von einem südlicheren Himmel träumten, während der Bach über Steine hinrieselte und der ganzen Natur ein mächtig einschläferndes Wiegenlied sang. Dresden selbst lag so freundlich zwischen den grünen Weinbergen; die ganze Landschaft war ein Bild von kindlichem Frieden, von romantischen Träumen eines unschuldigen Herzens. Viele ziehen Tharandt dem Plauenschen Grunde vor, andere diesem Tharandt; ich weiß nicht, zu welcher Partei ich mich schlagen soll, beide hatten für mich etwas Eigentümliches, etwas, dessen Wirkung war, daß man sich hier so recht wohl befand. Die Beleuchtung einer Gegend, und die Beleuchtung in unserer eigenen Seele, in der wir dieselbe betrachten, macht unendlich viel aus. Der Plauensche Grund mit seinem krummen Wege zwischen den Felsen, auf dem Leben und Treiben ist, kommt mir lebendiger vor und hat mehr einen männlichen Charakter, wogegen Tharandt mit seiner Ruine, seinem spiegelklaren See und seiner tiefen Einsamkeit mehr etwas Passives und Weibliches hat.

Ich mußte hier recht lebhaft an den alten Schulmeister denken und mit ihm sagen: »Hier ist ein schöner Platz, von dieser Herrlichkeit könnten doch viele Menschen zehren!« Aber wie gering ist doch die Zahl derjenigen, die alles das Prächtige zu sehen bekommen, womit Gott unsere Erde geschmückt hat! Im Grunde ist der Unterschied zwischen dem Menschen und dem Hunde, der an sein Hundehaus gekettet nur ein paar Sprünge auf seinem gewöhnlichen Tummelplatz machen kann, doch nur klein.

Noch hatte ich nicht die Bibliothek und die Antikensamm-

Tharandt mit Ruine und See

lung gesehen; der Oberbibliothekar, Hofrat Ebert, ein herzlicher Mann, den unser Molbech mir empfohlen hatte, erwies sich als ausgesprochen zuvorkommend. Alles war schmuck und hell, die Böden in den großen Sälen poliert wie Spiegel und durch die Fenster – ja, hier vergaß ich wirklich die ganze gelehrte Welt um mich herum! Welch Panorama da draußen! Berge mit hellgrünen Weinranken, und dahinter die schwarzen Nadelwälder; die Elbe, die sich in großen Windungen schlängelte, auf der die Boote mit ihren weißen Segeln fuhren, wo die großen Holzflöße den Strom hinunterglitten; nur ein paar Burschen mit bloßen Füßen, kurzen weißen Beinkleidern, offenen Hemden und einem weißen Strohhut auf dem Kopf steuerten die ganze Brettermenge. Es ist unmöglich, die Aufmerksamkeit auf Bücher lenken zu wollen, wenn man draußen diese Natur im klaren Sonnenschein sieht.

Daß Dresden, als Übergangspunkt von dem nördlichen zum südlichen Deutschland, auch den Charakter jenes zeigen kann, davon bekam ich doch noch einen Begriff an dem letzten Vormittag, den ich dort zubrachte. Es war so kalt, daß mich fror. Der Regen fiel in Strömen und alles bekam ein finsteres, nordisches Aussehen; Träger liefen durch die Straßen mit Portechaisen, aus denen Damen durch die roten Vorhänge herausschauten. Die Elbe sah aus wie Kaffee, gelb und dick. Beinahe kein Mensch ließ sich auf den Straßen sehen.

Der Regen rauscht, grau ist des Himmels Bogen
Und dicht verhüllt die fernen Berge stehn,
Die Elbe kommt vom Böhmerland gezogen,
Doch ihre Fluten gelb und trübe sehn.
Dort auf der Brücke, vor dem Schilderhause,
Steht ein Soldat, im Mantel eingehüllt,
Ihn kümmert's wenig, wie der Sturmwind brause,
Er malet sich der Heimat schönes Bild.
Dort scheint die Sonne wärmer auf ihn nieder,
Dort folgt er der Geliebten Spur!
Er denkt an sie – denkt sie an ihn auch wieder?
Sie ist ein Weib – ein Weib ja nur!
Die Treu' ist wie ein Fluß, der unstet irrt,
Leicht, wie die Elbe, gelb und trübe wird!

Später am Tage ward es wieder sonnenklar und sonnenwarm; auf der Brühlschen Terrasse wogte wieder die dichte Menschenmasse und vom Regen aufgefrischt dufteten die Bäume. Hier oben brauste Musik, während Gondeln, Boote und Schiffe sich auf der Elbe kreuzten. Dahl hatte an diesem Abend eine kleine Gesellschaft von Norwegern und Dänen bei sich versammelt; er

Blick auf Dresden von der Bautzner Straße. Um 1830

war ein munterer, liebenswürdiger Wirt; wir sprachen alle dänisch und träumten uns zurück in die Heimat an unser herrliches Meer. Wir trennten uns erst spät, am nächsten Tage zogen einige nach Osten, andere nach Westen, zwei gingen nach Rom und Neapel, ich – triste dictu – nach Berlin.

Jetzt begrüßte mich der letzte Morgen in Dresden. Ich mußte hinaus, um noch einmal die herrlichen Töne unter dem Kirchengewölbe brausen zu hören, um noch einmal die grünen Weinberge in Morgenbeleuchtung zu sehen.

Der Tag war so schön, die ganze Elbgegend lag in dem prächtigsten Sonnenlicht; es kam mir vor, als ob alles Sonntagskleider angetan hätte, um mir Lebewohl zu sagen; aber dadurch ward mir der Abschied auch um so schwerer. In der katholischen Kirche ward keine feierliche Messe gelesen, nur die Orgel spielte ihre einfachen Melodien; aber es war ja das Abschiedslied, vielleicht die letzten tiefen Töne, die ich hier in meinem ganzen Leben zu hören bekommen sollte. In einem der Beichtstühle sah ich einen alten Priester mit einem ehrwürdigen Gesicht, ein junges Mädchen kniete auf der andern Seite des Gitters und beichtete. Ich wünschte mir auch einen Freund, einen Vater, vor dem ich so recht die Gefühle ausschütten könnte, die beim Abschied von der lieben fremden Stadt, welche dem Herzen nicht länger fremd war, so mächtig in meinem Herzen brausten.

Wenn ich mich auch nicht schäme, dem Papier etwas anzuvertrauen, dessen Blätter doch wie das Midas-Schilf sind, das es wieder vor der Welt ausplaudert, so kann ich es doch vor den Menschen verbergen, wenn ich selbst sie treffe; als Jüngerer wurde ich wegen meiner natürlichen Empfindsamkeit sehr verspottet, doch es war nicht Gefühlsduselei, daß ich Schlagball mit meinem eigenen Herzen und den besten Gefühlen spielte, um nicht bei anderen, vernünftigen Menschen als sentimentaler

Narr zu gelten; der gleiche eisige Schreck überfällt mich noch heute, wenn mein Herz zu sich selbst findet, und oft ziehe ich ein komisches Gesicht, damit man nicht sieht, daß ich weine. So schämte ich mich auch hier, als ich kam, um Dahl Lebewohl zu sagen, denn er sollte nicht merken, wie innig betrübt ich war. Ich lachte und scherzte, bis ich an die frische Luft kam, da blies mir der Wind Sand in die Augen, so daß sie sich mit Wasser füllten. Dahl gab mir beim Abschied einige Zeichnungen zum Andenken, und eine Skizze in Ölfarbe, damit ich doch sagen könnte, daß ich etwas besäße, was er gemalt hätte; das ganze Stück war nicht größer, als daß ich es in der flachen Hand verbergen konnte. »Im nächsten Sommer sehe ich jedenfalls Dänemark und alle Freunde und Bekannte«, sagte er und drückte mir die Hand zum Abschied. »Das ist auf Dänisch, und dieses«, fügte er hinzu, in dem er mich auf die Wange küßte, »ist auf Deutsch! Wir werden uns gewiß noch öfter in dieser Welt wiedersehen.«

In meiner jetzigen Stimmung konnte ich Tieck nicht Lebewohl sagen, ich mußte in Gottes freier Luft herumlaufen, bis sich die bunten Weltenbilder um mich herum wieder in Herz und Gedanken zu spiegeln begannen; es ist wie das Meer, wenn es stürmt, dann kann sich kein Stern darin spiegeln, aber sieht man erst die grüne Küste, und das rotgedeckte Haus des Alltags zeigt sich in der Ferne, wird es wieder ruhig.

Tieck empfing mich in seinem Arbeitszimmer und sah mir so recht herzlich mit seinen großen, klugen Augen ins Gesicht; ich nahm mich zusammen, als ich die eben erst gedämpfte Wehmut doppelt stark zurückkehren fühlte. Er schien viel Güte für mich zu haben, lobte diejenigen von meinen Sachen, die er kannte, und schrieb mir, da ich kein Stammbuch bei mir führte, folgende Worte zum Andenken auf ein Blättchen Papier:

Gedenken Sie auch in der Ferne meiner; wandeln Sie wohlgemut und heiter auf dem Wege der Poesie fort, den Sie so schön und mutig betreten haben. Verlieren Sie nicht den Mut, wenn nüchterne Kritik Sie ärgern will. Grüßen Sie den teuren Ingemann und alle Befreundeten und kehren Sie uns bald einmal frisch, gesund und reichbegabt von den Musen nach Deutschland zurück.

Dresden, 10. Juni 1831.
Ihr wahrer Freund
Ludwig Tieck.

Ich sagte ihm Lebewohl. Kein Fremder war dabei, und daher durfte ich wohl weinen; er drückte mich an sein Herz, weissagte mir eine glückliche Zukunft als Dichter und – dachte gewiß, daß ich ein viel besserer Mensch sei, als ich wirklich bin. Sein Kuß glühte auf meiner Stirn, ich weiß nicht recht, was ich fühlte, aber ich liebte alle Menschen; möchte ich doch einmal als Dichter der Welt etwas schenken können, wodurch ich dem großen Dichter zeigen könnte, daß er sich in dem Fremden nicht getäuscht!

Es war sechs Uhr abends, als ich mit der Schnellpost aus Dresden fuhr; nun sah ich zum letzten Mal die katholische Kirche und die Brühlsche Terrasse im Vorüberfahren. Von der Augustusbrücke suchte mein Auge noch einmal Dahls Haus über der Elbe, ich glaubte ihn am Fenster stehen zu sehen.

Bald lag auch die Neustadt hinter uns, Felder und Wiesen erstreckten sich zu beiden Seiten des Weges; wir waren neun im Wagen, und in diesem Kegelspiel saß ich, wie der Neuner-König, in der Mitte; »Gott weiß«, dachte ich, »wen von uns der Tod zuerst umwirft! Er wird uns doch nicht alle auf einmal treffen; aber vielleicht die Eckkegel.«

In der einen Ecke saß ein junger russischer Woiwode; er kam von Paris, ging über Dresden und Berlin nach Bremen und wollte von da nach Italien; er schien kein Freund der kürzesten Wege zu sein! In der zweiten Ecke saß ein Engländer, der Dänemark sehr lobte und meinte, es fehle nichts, als daß es englisch sei, um die erste Perle in Europas Krone zu sein; aber ich dankte ihm nicht für dieses Kompliment. In der dritten saß ein reisender Schauspieler, woher, das weiß ich nicht, und in der vierten ein junger Wollhändler mit seiner noch jüngern Frau; sie kamen aus der Rheingegend und wollten sich nun in Berlin niederlassen, sie hatten erst vor vierzehn Tagen Hochzeit gemacht, und daher küßten sie einander unaufhörlich, spielten gegenseitig mit ihren Händen und zitierten *Don Carlos*. Ansonsten waren es gute Leute, die mich mit Wein und Karbonade traktierten.

Anhang

Seite 6/7: Leipzig von Westen. Lithographie von Gustav Täubert, um 1855 (Archiv Insel Verlag, Frankfurt am Main)
Seite 16: Denkmal für den polnischen Feldherrn Józef Fürst Poniatowski. Illustration aus dem Stammbuch des Leipziger Studenten C. C. C. Eichler. Sepiamalerei, um 1835 (Archiv Insel Verlag, Frankfurt am Main)
Seite 20: Ansicht von Schloß Hubertusburg in Wermsdorf, nach 1763 (Archiv des Sächsischen Krankenhauses Hubertusburg)
Seite 23 unten: Dresden, Blick von der Terrasse aus auf die alte Augustusbrücke und die Neustadt, 1800 (Sächsische Landesbibliothek Dresden, Deutsche Fotothek)
Seite 27: Dichterlesung Ludwig Tiecks. Nach Alexander von Sternberg (Archiv Insel Verlag, Frankfurt am Main)
Seite 32: Die alte Dresdner Gemäldegalerie. Aquatinta. Dresden: Kupferstichkabinett (Foto: Sächsische Landesbibliothek Dresden, Deutsche Fotothek)
Seite 34: Der Theaterplatz in Dresden mit Altstädter Wache und Hoftheater. Kolorierter Stich, um 1845. Dresden: Kupferstichkabinett (Foto: Sächsische Landesbibliothek, Deutsche Fotothek)
Seite 80/81: A. Lawrence: Ansicht der Stadt Dresden von der Bautzener Straße. Kolorierter Kupferstich, um 1830. Dresden: Kupferstichkabinett (Foto: Sächsische Landesbibliothek Dresden, Deutsche Fotothek)

Die Abbildungen auf den Seiten 23 (oben), 39, 41, 45, 46, 49, 52, 53, 55, 57, 59, 63, 66, 67, 69, 71, 75 und 78 stammen von C. A. Richter und A. Louis Richter, abgebildet in: *70 Mahlerische An- und Aussichten der Umgegend von Dresden in einem Kreise von sechs bis acht Meilen; aufgenommen, gezeichnet und radirt von C. A. Richter, Professor, und A. Louis Richter.* Dresden: Arnoldische Buchhandlung, 1822.

S. 9 *Der Invalide*: Das Gedicht ist in der 1847 erschienenen deutschen Ausgabe nicht enthalten.

S. 11 *Poniatowski*: Jósef Fürst Poniatowski (1763-1813), polnischer General und napoleonischer Marschall, ertrank 1813 nach der Völkerschlacht bei Leipzig in der Weißen Elster.

Østergade: Zur Zeit Andersens eine der Hauptverkehrsstraßen Kopenhagens, heute Teil der Fußgängerzone.

Oeser: Adam Friedrich Oeser (1717-1799), deutscher Maler und Radierer, seit 1764 Direktor der Leipziger Kunstakademie. Andersens Bemerkung über Oesers Bild »Christus am Brunnen« und die folgende Szene der Kirchenreinigung ist in den bisherigen deutschen Ausgaben nicht enthalten.

S. 12 *Puds in »Sigrid mit dem Schleier«*: Figur aus der Romanze »Sigrid med Sløret« des dänischen Dichters Adam Oehlenschläger (1779-1850).

Gellerts Grab: Christian Fürchtegott Geller (1715-1769), deutscher Schriftsteller der Aufklärung, lebte und lehrte in Leipzig.

S. 13 *Hölty*: Ludwig Heinrich Christoph Hölty (1748-1776), deutscher Dichter der Empfindsamkeit, Mitglied des Göttinger Hainbundes.

S. 14 *Rossinis Tell*: »Wilhelm Tell«, 1829 entstandene Oper des italienischen Komponisten Gioacchino Antonio Rossini (1792-1868).

»Vernichtung des Menschengeschlechts«: Anspielung auf den Titel einer Tragödie, die eine Figur in dem Vaudeville »Recensenten og Dyret« (Der Rezensent und das Tier) des einflußreichen dänischen Dramatikers und Kritikers Johan Ludvig Heiberg (1791-1860) verfaßt.

Signor Zezi war ein vorzüglicher Tell... Schillersche Heldengestalt: Die Beschreibung der Sängerinnen und Sänger ist in der 1847 erschienenen deutschen Ausgabe ebensowenig enthalten wie die sich anschließenden Gedanken zur dänischen Vokabel für »Liebe« und die unterschiedliche Qualität der Opern Rossinis.

S. 17 *Ein Stück war völlig aus dem Stein geschlagen worden*: Der gesamte folgende Abschnitt bis zum Kapitelende über den polnischen Aufstand, die Reflexionen über Freiheit und Aufklärung sowie die preußische Zensurgesetzgebung ist in der 1847 erschienenen deutschen Ausgabe nicht enthalten.

Kosciusko: Tadeusz Kosciusko (1746-1817), polnischer General, spielte eine führende Rolle im polnischen Aufstand 1794.

S. 18 *Gimle, Ragnarök*: Nach dem Untergang der Götter und der jetzigen Welt, dem Ragnarök, erhebt sich der nordischen Mythologie nach Gimle, die neue, glückliche Welt.

Don Miguel … : Don Miguel, portugiesischer König, regierte von 1828-1834, verfolgte die liberale Bewegung mit Gefängnis und Massenhinrichtungen. Die folgenden Zitate über die preußischen Zensurmaßnahmen übernahm Andersen aus der Zeitung »Kjøbenhavnsposten«.

S. 19 *Lindberg*: Jacob Christian Lindberg (1758-1857), Mitstreiter des dänischen Theologen und Kirchenreformators Grundtvig, dessen konservative theologische Auffassungen Andersen ablehnte.

Münchhausen: Karl Friedrich Hieronymus Freiherr von Münchhausen (1720-1797), bekannt geworden als »Lügenbaron«.

Robertus von Agerkaal: 1724 erschienenes Volksbuch.

S. 20 *Meine Reisegesellschaft mit der Schnellpost*: Der Absatz ist in der 1847 erschienenen deutschen Ausgabe nicht enthalten.

Das sterbende Kind: 1827 erstmals gedrucktes populäres Jugendgedicht Andersens.

katál, katlá: Eigentlich »katál, kataltá«, hebräisch für »er hat gemordet, du hast gemordet«.

S. 21 *Mengs*: Anton Raphael Mengs (1728-1779), deutscher Maler des Spätbarock und der Klassik.

Ruysdael: Salomon van Ruysdael (um 1600-1670) holländischer

Maler, wurde insbesondere für seine Bilder von Flußufer- und Kanallandschaften bekannt.

Ohne besondere Empfehlung … einlassen: Der Hinweis auf die Schwierigkeiten, die Porzellanfabrik zu besichtigen, ist in der 1847 erschienenen deutschen Ausgabe nicht enthalten in der 1847 erschienenen deutschen Ausgabe nicht enthalten.

S. 25 *Dahl*: Johan Christian Claussen Dahl (1788-1857), norwegischer Maler, Freund Caspar David Friedrichs. Seit 1818 in Dresden, seit 1841 Professor an der Dresdner Akademie.

Ingemann: Bernhard Severin Ingemann (1789-1862), dänischer Schriftsteller.

S. 28 *Ole der Namenlose, Phantasien und Skizzen*: Ingemanns Märchendichtung »Huldre-Gaverne eller Ole Navnløses Levneds-Eventyr« (Die Elfengaben oder das Lebensmärchen von Ole dem Namenlosen) erschien ebenso wie Andersens Gedichtsammlung »Phantasier og Skizzer« 1831 in Dänemark.

Fußreise: Andersens 1829 erschienenes erstes Prosawerk »Fodreise fra Holmens Canal til Østpynten af Amager i Aarene 1828 og 1829« (Fußreise vom Holmens Kanal zur Ostspitze von Amager in den Jahren 1828 und 1829). In Deutschland später auch unter dem Titel »Spaziergang in der Sylvesternacht« veröffentlicht.

S. 29 *Holberg*: Ludvig Holberg (1684-1754), norwegisch-dänischer Komödiendichter, Philosoph und Historiker.

Falstaff, Frau Hurtig: Falstaff, Figur aus Shakespeares »Henry IV.«; Frau Hurtig, im Original Mrs. Quickly, Figur aus »Die lustigen Weiber von Windsor«.

S. 30 *Ein Bild … auf einmal*: Andersens Hinweis auf geistige Erschöpfung durch Übermaß ist in der 1847 erschienenen deutschen Ausgabe nicht enthalten.

Raphaels »Madonna«: Um 1513 entstandene sogenannte »Sixtinische Madonna« des italienischen Renaissancemalers Raffaello Santi (um 1483-1520).

S. 31 *Correggios »Nacht«*: »Die heilige Nacht«, Gemälde des italienischen Malers Antonio Allegri, genannt il Correggio (um 1489-1534).

S. 32 *Carlo Dolci*: Carlo Dolci (1616-1686), italienischer Maler.

S. 33 *Rubens*: Peter Paul Rubens (1577-1640), flämischer Maler.

Bassano: Jacopo Bassano, eigentlich Jacopo da Ponte (zwischen 1510 und 1519-1592), italienischer Maler.

Batoni: Pompeo Batoni (1707-1787) italienischer Maler. Die leicht anzügliche Bemerkung über Batonis *Die heilige Madonna* ist in der 1847 erschienenen deutschen Ausgabe nicht enthalten.

Die Königin von sechzehn Jahren: »La reine de seize«, Lustspiel des französischen Dramatikers Jean Bayard (1796-1853), das Andersen fälschlicherweise Eugène Scribe zuschreibt.

S. 34 *... mit unserem in Vesterbro*: Gemeint ist das zur Zeit Andersens sehr populäre »Nationalsommertheater« im Kopenhagener Stadtteil Vesterbro.

Der Faßbinder: »Le Tonnelier«, Opéra comique des französischen Schriftstellers Nicolas-Médard Audinot (1732-1801) mit Musik von Charles-Guillaume Alexandre (um 1735-1788).

S. 35 *Barcarole aus der »Stummen«*: Lied der Gondoliere in »Die Stumme von Portici«, Oper des französischen Komponisten Daniel Francois Esprit Auber (1782-1871).

Schloß Rosenborg: Anfang des 17. Jahrhunderts erbautes Renaissanceschloß im Königlichen Garten in Kopenhagen, Aufbewahrungsort der königlichen Kunstsammlungen und Kronjuwelen.

S. 37 *Memnonsäule*: Bildsäule des ägyptischen Königs Amenophis III. in West-Theben, galt bei den Griechen als Bildnis des Memnon, Sohn der Sonnengöttin Eos. Es hieß, bei Sonnenaufgang würde die Säule einen Ton abgeben.

S. 38 *Das ganze Gebäude ... direkt aus China*: Die respektlose Beschreibung von Schloß Pillnitz als »chinesisches Spielzeug« ist in der 1847 erschienenen deutschen Ausgabe nicht enthalten.

S. 39 *Zing-Dynastie*: Gemeint ist wahrscheinlich die Tsin- oder Qin-Dynastie (249-206 v. Chr.)

Kang-Hi, Hoangho ... : Lautmalerische Versionen der chinesischen Städte Huangshi und Guangzhou, des »Gelben Flusses« Huang He, des Philosophen Konfuzius, der Mandschurei und des Tees aus der ehemaligen portugiesischen Kolonie Macao an der chinesischen Südküste.

S. 43 *Diese schöne Felspartie ... ausmachen könnte*: Die Reflexion über Gott als Herrscher über Leben und Tod ist in der 1847 erschienenen deutschen Ausgabe nicht enthalten.

S. 46 *Wessel*: Johan Herman Wessel (1742-1785), norwegisch-dänischer Schriftsteller.

S. 48 *Amor als Führer*: Das Gedicht ist in der 1847 erschienenen deutschen Ausgabe nicht enthalten.

S. 54 *Dem Wagen, der schräg steht ... Drama des Lebens*: Die Überlegungen zur Rolle des Teufels in der Welt sind in der 1847 erschienenen deutschen Ausgabe nicht enthalten.

Kind: Johann Friedrich Kind (1768-1843), deutscher Schriftsteller, schrieb u. a. das Libretto zu Carl Maria von Webers Oper »Der Freischütz«.

S. 56 *Zauberkugeln will ich gießen*: Das Gedicht ist wie die sich anschließende Beschreibung von Hohnstein und Schandau in der 1847 erschienenen deutschen Ausgabe nicht enthalten.

S. 57 *Kotzebues »Die Hussiten«*: Unterhaltungsdrama von August von Kotzebue (1761-1819).

S. 60 *Im übrigen will ich als Kuriosum ... gewesen*: In der 1847 erschienenen deutschen Ausgabe nicht enthalten.

S. 67 *Schon war ich dabei ... werfen darf*: Die Gedanken über Kopenhagen und Andersens persönliche Situation als Dichter sind in der 1847 erschienenen deutschen Ausgabe nicht enthalten.

S. 70 *Christiansburger Schloß*: Schloß Christiansborg in Kopenhagen, heute Sitz des dänischen Parlaments.

S. 72 *Ludwig XVI.*: Ludwig XVI. (1754-1793), französischer König. Nach der Französischen Revolution 1793 durch die Guillotine hingerichtet.

Die ganze Gegend … wieder genesen: Der Hinweis auf den Sieg Friedrich II., die Sage über den Lilienstein und die anschließende Beschreibung der Stadt Pirna sind in der 1847 erschienenen deutschen Ausgabe nicht enthalten.

S. 77 *Noch hatte ich nicht die Bibliothek … Sonnenschein sieht*: Die Beschreibung der Bibliothek und die Gedanken an den Gegensatz von Geist und Natur sind in der 1847 erschienenen deutschen Ausgabe nicht enthalten.

S. 78 *Molbech*: Christian Molbech (1783-1857), dänischer Bibliothekar, Historiker und Sprachforscher.

S. 82 *Wenn ich mich auch nicht schäme … sich mit Wasser füllten*: Andersens Bemerkungen über seine persönlichen Gefühle sind in der 1847 erschienenen deutschen Ausgabe nicht enthalten.

Midas-Schilf: Der griechischen Sage nach wurde König Midas von Apoll mit Eselsohren bestraft, die er unter einer Mütze verbarg. Nur sein Barbier wußte davon, doch ihm war es bei Todesstrafe verboten, darüber zu reden. Daher vertraute er sein Geheimnis einem Erdloch an. Zu Midas Verzweiflung jedoch wuchs Schilf aus dem Erdloch, das die Wahrheit der ganzen Welt mitteilte, wenn es vom Wind bewegt wurde.

S. 85 *Woiwode*: russischer Adliger.

»Von Kopenhagen ab den 31. Mai«. Hans Christian Andersen ist sechsundzwanzig Jahre alt, als er im Sommer 1831 den Beginn einer mehrwöchigen Reise nach Deutschland in seinem Tagebuch notiert – der ersten Reise, die ihn über Dänemark hinaus ins Ausland führt. Andersen befindet sich in einer persönlichen und künstlerischen Krise. Zwei Jahre zuvor war sein Debüt, die *Fußreise vom Holmens Kanal zur Ostspitze von Amager in den Jahren 1828 und 1829*, erschienen, ein Jahr darauf ein erster Gedichtband, im Januar 1831 die Gedichtsammlung *Phantasien und Skizzen*. Publikum und Kritik hatten die ganz im Geiste E. T. A. Hoffmanns geschriebene satirische Plauderei der *Fußreise* begeistert aufgenommen, bei den Gedichtbänden jedoch mehrten sich kritische und nörgelnde Stimmen, die Andersen als zutiefst ungerecht wahrnimmt. Zusätzlich belastet den empfindsamen und von Zeitgenossen als eitel und empfindlich beschriebenen Dichter, daß er als Theaterautor ähnlich erfolglos bleibt wie zehn Jahre zuvor mit seinen vergeblichen Bemühungen als Schauspieler, Tänzer oder Sänger. »Ich geriet mehr und mehr in eine krankhafte Stimmung«, erinnert er sich fünfzehn Jahre später in seiner Autobiographie *Das Märchen meines Lebens* an diese Zeit, »und fühlte einen Hang, das Traurige in meinem Leben aufzusuchen und bei den Schattenseiten zu verweilen; ich wurde empfindlich und behielt den Tadel, nicht das Lob, welches mir gespendet wurde.« Neben angeblichen Formfehlern ist es immer wieder Andersens mangelhafte Rechtschreibung, die zum Ziel der Kritikerhäme wird: »Nun spottete man über diese Fehler und verweilte bei ihnen, während man über das, was gut war, leicht hinwegging; ich kenne Menschen, die meine Gedichte nur durchlasen, um Fehler herauszufinden. Ich litt bei dem allem, ich war zu weich, zu unverzeihlich gutmütig. Jeder wußte es, und einzelne wurden deshalb fast grausam.«

Die »Grausamkeiten« erreichen ihren Höhepunkt im Dezember

1830, als der nur wenige Jahre ältere Henrik Hertz anonym die *Gespensterbriefe* veröffentlicht, eine Sammlung sechs gereimter, angeblich von dem verstorbenen Dichter Jens Baggesen im Paradies verfaßter Briefe, und Andersen darin lächerlich macht: »Berauscht vom Bier der Phantasie reitet dieser junge Schriftsteller auf dem erst eine Nacht alten Fohlen der Muse, einem Slagelser Klepper mit lahmen Flanken und gilt beim Mob als ›Dichterpoet‹. Würde Andersen sich die orthographischen und grammatikalischen Schnitzer, von denen seine Publikationen nur so strotzen, in einer Schule für zurückgebliebene Kinder leisten, dann würde man ihn übers Knie legen und ihm die Narrenkappe aufsetzen.«

Doch es sind nicht die Reaktionen auf seine Veröffentlichungen allein, die Andersen veranlassen, Dänemark für einige Wochen den Rücken zu kehren. Im August 1830 hatte er während einer Reise durch Jütland Riborg Voigt kennengelernt, die Schwester eines Studienkameraden. Andersen verliebt sich in Riborg, allerdings ist sie bereits verlobt. Noch wenige Wochen vor seiner Abfahrt aus Kopenhagen schreibt er im März 1831 an seinen Freund, den dänischen Dichter Ingemann: »Ich hänge mit meiner ganzen Seele an einem Wesen, das niemals mein werden kann.« Die unglückliche Liebe zu Riborg Voigt und den damit verbundenen Verzicht auf sexuelle Erfüllung stilisiert der junge Autor zur Sinnfrage seiner künftigen dichterischen Existenz – wie weit hat sich das reale Leben dem künstlerischen Prozeß unterzuordnen? »Sollte all dies notwendig sein, um ein großer Dichter zu werden, oh, dann würde ich es beinahe lieber niemals werden wollen.« Andersen hofft, durch den Abstand der Reise auch auf solche Fragen eine Antwort zu finden.

In dieser Situation drängt ihn Jonas Collin, Gönner und Vaterersatz Andersens seit seiner Ankunft 1815 in Kopenhagen, zu einer »kleinen Reise z. B. nach Norddeutschland, um mich zu zerstreuen und neue Eindrücke zu empfangen«. Angeregt durch die Lektüre von Jens Baggesens *Labyrinth* und der »Harzreisen« von Heinrich Heine und Johann

Wolfgang Goethe führt ihn die Reiseroute von Lübeck, Hamburg und den Harz über Leipzig, Dresden und die Sächsische Schweiz bis nach Berlin.

Hans Christian Andersens Reise durch Deutschland wird in mehrfacher Hinsicht zu einer zentralen Erfahrung in seiner persönlichen und künstlerischen Entwicklung, gleichsam zu einer Initiation. »Die Welt erweiterte sich so erstaunlich vor mir, meine gute Laune kehrte wieder zurück, gleich dem Zugvogel«, schreibt er 1847 in seiner Autobiographie über die ersten Tage der Reise. Er wird sich klar über seine »Zugvogelmentalität«, seine »Gabe aufzufassen und darzustellen«, und über die Notwendigkeit, sich auf der Suche nach Erfahrungen, Bildern und Material »in der Welt herumzutreiben«. Die Deutschlandreise wird zum Auftakt einer lebenslangen, rastlosen Reise durch ganz Europa, deren Eindrücke und Erlebnisse Andersen nicht nur in mehreren Reisebüchern festhält, sondern die sich auch in seinen Romanen und ab 1835 mehr und mehr in den Märchen niederschlagen. Im September 1831 erscheint der Reisebericht *Schattenbilder einer Reise in den Harz, die sächsische Schweiz etc. etc., im Sommer 1831*.

Deutschland ist für Andersen eine vollkommen neue und überraschende Erfahrung. Beeindruckt ist er insbesondere von den Naturlandschaften Heide, Harz und Sächsische Schweiz. Zum ersten Mal hat Andersen, der seit seinem fünfzehnten Lebensjahr in Kopenhagen, in der Stadt, gelebt hat, den Eindruck, Natur tatsächlich zu begreifen und zu erkennen. Er beschreibt dieses überwältigende Naturerlebnis mit der ihm eigenen kindlich-frommen Unmittelbarkeit, die später auch seine Märchenerzählungen kennzeichnen. Alles möchte er mit dem Blick des Malers sehen und darstellen können, doch häufig bleibt ihm nur das fast hilflose Adjektiv »romantisch«, um die eigenen Eindrücke zu beschreiben. Er hat es jedoch nicht mehr nötig, wie noch in der *Fußreise*, durch eine Flut von Zitaten und Anspielungen mit der eigenen Gelehrsamkeit zu prahlen; in Deutschland erlebt er eine ihm bisher fremde Wirklichkeit, für ihn öffnet sich »zwischen den Bergen eine neue Welt, Gottes herrliche Natur umgab mich, da war keine angenommene Originalität, und doch sah sie ganz originell aus, während sie doch nur sie selbst war.«

Doch obgleich sich Andersen in seinen Naturbeschreibungen nach wie vor eng an den romantischen Vorbildern orientiert, insbesondere an Ludwig Tieck und Adelbert von Chamisso, vergißt er den anderen, den frechen Ton nicht, den er bereits in der *Fußreise* ausprobiert hatte. Politisch-satirische Spitzen, religiöse Sottisen, erotische Anspielungen und persönliche Bemerkungen unterlaufen immer wieder den romantisch geprägten Grundcharakter seiner Reiseeindrücke; eine Reihe von Gedichten zeigt einen Andersen, der längst nicht mehr nur bei den Romantikern zu Hause ist, sondern auch die Dichter des »jungen Deutschland« aufmerksam gelesen hat und seine Beobachtungen in spöttische Kritik zu kleiden weiß. Sogar den Begriff »romantisch« setzt er gelegentlich ein, um einen komischen Effekt zu erzielen.

Dennoch bleibt eine tiefe Verehrung für die großen deutschen Romantiker selbst, und der Höhepunkt seiner Reise durch Deutschland ist zweifellos Andersens Abschiedsbesuch bei Ludwig Tieck in Dresden. Tieck entläßt ihn nicht nur mit dem »Musenkuß«, dem Ritterschlag zum Dichter, er ermutigt ihn zugleich, standhaft der als ungerecht empfundenen Kritik zu widerstehen.

So überrascht es kaum, daß Andersen in seiner Autobiographie bekennt, daß »die Deutschlandreise von großem Einfluß« gewesen ist. Zum ersten Mal wurde er vorbehaltlos als Dichter aufgenommen und anerkannt; mit gestärktem Selbstbewußtsein und der Gewißheit, seinen eigenen dichterischen Weg gehen zu müssen, kehrt er nach Dänemark zurück. Auf dieser ersten Auslandsreise hatte er nicht nur eine Vielzahl von durchaus nützlichen Bekanntschaften geknüpft, mit denen er in engem brieflichen und persönlichen Kontakt bleibt, sehr bald schon wird ihm Deutschland durch den Erfolg seiner Übersetzungen und die freundlichen Aufnahmen während seiner Reisen in den Jahren nach 1831 zum »lieben Deutschland«, ja zum »zweiten Vaterland«.

1836 erscheint die erste deutsche Übersetzung der *Schattenbilder* unter dem Titel *Umrisse einer Reise von Copenhagen nach dem Harze, der sächsischen*

Schweiz und über Berlin zurück in der Richterschen Buchhandlung in Breslau, 1847 wird das Buch mit dem Titel *Reiseschatten von einem Ausfluge nach dem Harz, der sächsischen Schweiz im Sommer 1831* in die erste Gesamtausgabe der Werke Andersens im Verlag von Carl B. Lorck in Leipzig aufgenommen. Die Ausgabe ist allerdings um sämtliche radikalen Ideen, um politische, religiöse und erotische Anspielungen und Passagen, satirische Bemerkungen und persönliche Späße gekürzt – zurück blieb ein entschärfter, ja, bis zur Ungefährlichkeit verstümmelter Text, brav und frei von jeglicher Brisanz. Erstaunlicherweise nimmt Hans Christian Andersen ebenfalls wesentliche Kürzungen am dänischen Originaltext vor, als 1854 die Ausgabe der *Samlede Skrifter (Gesammelten Schriften)* in Dänemark ansteht. Möglicherweise hatte der inzwischen etablierte Dichter und regelmäßige Gast europäischer Fürstenhäuser Angst vor der eigenen Courage, die er vor über zwanzig Jahren als liberaler junger Autor gezeigt hatte. Spätere deutsche Übersetzungen fußen auf dieser Ausgabe und liefern somit ebenfalls nicht den ungekürzten Text.

Der hier vorgelegte Teil der *Schattenbilder*, der *Bericht einer Reise in die Sächsische Schweiz*, folgt der Ausgabe *Hans Christian Andersen, Gesammelte Werke. Vom Verfasser selbst besorgte Ausgabe. 17. Band. Leipzig: C. B. Lorck Verlag 1847.* Die Orthographie wurde behutsam modernisiert, der Text durchgesehen und anhand des dänischen Originaltextes von 1831 ergänzt, auf besonders signifikante Ergänzungen wird in den Anmerkungen hingewiesen. Zum ersten Mal liegt mit dieser Ausgabe eine vollständige und ungekürzte deutsche Übersetzung von Hans Christian Andersens Reise von Leipzig nach Dresden und in die Sächsische Schweiz vor.

Ulrich Sonnenberg

6. Auflage 2015 Bezugspapier: Marmor-Spritzpapier 2000 von Gisela Reschke, Hamburg. Gesetzt in der Schrift Mono-Baskerville. Gedruckt auf holzfreies, alterungsbeständiges Werkdruckpapier der Papierfabrik Cordier, Bad Dürkheim, vom Druckhaus Nomos, Sinzheim. Gebunden in Fadenheftung von der Buchbinderei Spinner, Ottersweier. Printed in Germany.
Erste Auflage 2001. ISBN 978-3-458-19220-6